THÉORIE

DES

EFFETS OPTIQUES

QUE PRÉSENTENT

LES ÉTOFFES DE SOIE.

THÉORIE

DES

EFFETS OPTIQUES

QUE PRÉSENTENT

LES ÉTOFFES DE SOIE;

PAR

M. E. CHEVREUL,

MEMBRE DE L'INSTITUT DE FRANCE, DE LA SOCIÉTÉ ROYALE DE LONDRES, DE LA SOCIÉTÉ ROYALE DES SCIENCES DE COPENHAGUE, DE L'ACADÉMIE ROYALE DES SCIENCES DE STOCKHOLM, DE L'ACADÉMIE ROYALE DES SCIENCES DE BERLIN, DE LA SOCIÉTÉ DES CURIEUX DE LA NATURE DE MOSCOU, DE L'ACADÉMIE DES SCIENCES NATURELLES DE PHILADELPHIE, DE L'INSTITUT NATIONAL DES ÉTATS-UNIS, MEMBRE DE LA SOCIÉTÉ ROYALE ET CENTRALE D'AGRICULTURE DU DÉPARTEMENT DE LA SEINE, MEMBRE CORRESPONDANT DE LA SOCIÉTÉ D'AGRICULTURE, D'HISTOIRE NATURELLE ET DES ARTS UTILES DE LYON, MEMBRE HONORAIRE DE LA SOCIÉTÉ INDUSTRIELLE D'ANGERS, ETC.;

COMMANDEUR DE L'ORDRE ROYAL DE LA LÉGION D'HONNEUR, ET CHEVALIER DE L'ORDRE DANOIS DE DANEBROG.

On doit tendre avec effort à l'infaillibilité sans y prétendre.

MALEBRANCHE.

Ouvrage imprimé aux frais de la Chambre de Commerce de Lyon.

PARIS,

TYPOGRAPHIE DE FIRMIN DIDOT FRÈRES,

IMPRIMEURS DE L'INSTITUT,

RUE JACOB, 56.

1846.

INTRODUCTION.

Dans les leçons que je professai à Lyon, en 1842 et 1843, je dus subordonner l'exposition du *contraste simultané des couleurs* aux applications que l'on peut en faire à la fabrication des étoffes de soie, puisque c'était le but définitif que la Société d'agriculture, d'histoire naturelle et des arts utiles d'abord, et la Chambre de commerce de Lyon ensuite, s'étaient proposé d'atteindre, en demandant à M. le Ministre du commerce que je vinsse professer dans cette ville un cours que je fais à Paris tous les deux ans depuis 1828.

Cette demande, émanée d'une ville connue du monde entier par l'excellence, la beauté et le bon goût de ses produits, me fut d'autant plus agréable que j'étais alors entièrement étranger à la seconde capitale du royaume; et qu'en outre, le silence des journaux de Paris sur un enseignement absolument nouveau, aussi bien que le manque de toute espèce d'assistance propre à imprimer à cet enseignement un caractère de permanence, me portait à croire qu'il ne me serait pas donné de voir un travail continu de quatorze années, apprécié à la valeur qu'il mérite, j'ose le dire, non-seulement pour la technologie, mais pour les beaux-arts encore. Ce fut donc avec l'intention de satisfaire autant que je le pourrais à la demande de l'industrie de Lyon, qu'avant de professer mes leçons dans cette ville, je me livrai à des recherches que je crus nécessaires pour éclairer le dessinateur et le fabricant, dont le concours est indispensable lorsqu'il s'agit de confectionner des étoffes susceptibles d'offrir à l'œil les couleurs les mieux assorties et dans leur mélange et dans leurs oppositions.

Ce sont ces recherches, entreprises postérieurement à la rédaction de mon ouvrage sur le *contraste simultané des couleurs*, publié en 1839, qui composent celui que je livre aujourd'hui au public, sous le titre de *Théorie des effets optiques que présentent les étoffes de soie*. Plus tard, je donnerai comme complément de tous les travaux que j'ai entrepris dans l'intention de satisfaire aux désirs de la Chambre de commerce de

Lyon, l'*Exposé d'un moyen de définir et de nommer les couleurs d'après une méthode rationnelle et expérimentale.*

Je serai trop heureux si les membres de la Société d'agriculture, d'histoire naturelle et des arts utiles de Lyon accueillent ces deux ouvrages comme un témoignage de la reconnaissance du nouveau confrère qu'ils ont bien voulu associer à leurs travaux, et s'ils les considèrent, ainsi que les membres de la Chambre de commerce, comme ajoutant quelque chose à l'opinion qu'ils avaient conçue de l'utilité des applications de la loi du contraste des couleurs à l'industrie de leur ville.

THÉORIE

DES

EFFETS OPTIQUES

QUE PRÉSENTENT

LES ÉTOFFES DE SOIE.

Je diviserai l'ouvrage qui a pour titre, *Théorie des effets optiques que présentent les étoffes de soie,* en deux parties : la première sera consacrée à l'exposition des quatre principes auxquels se rapporte l'explication des phénomènes ou effets optiques; et la seconde partie aura le double objet d'appliquer ces principes à l'explication des effets optiques que présentent les principales étoffes de soie, et de développer les conséquences de ces applications à l'art de confectionner ces tissus, de manière que le fabricant tire le meilleur parti possible des matériaux qu'il doit mettre en œuvre.

En rédigeant ce livre loin de Lyon, j'aurais éprouvé de grandes difficultés, pour parler clairement de plusieurs circonstances du tissage des étoffes de soie, si je n'avais pas recouru aux connaissances approfondies que possède sur ce sujet M. Piobert, mon excellent confrère à l'Institut: grâce à lui, mon ouvrage ne sera point aussi imparfait qu'il l'eût été, si je n'avais pas mis son obligeante amitié à l'épreuve. En lui en exprimant ici ma reconnaissance, c'est un devoir auquel je satisfais avec empressement.

PREMIÈRE PARTIE.

THÉORIE.

PRINCIPES.

INTRODUCTION.

1. Tous les effets optiques des étoffes de soie étant subordonnés à deux principes, il faut commencer par établir ces principes, qui ne sont, en définitive, que la loi de la réflexion de la lumière appliquée à un système de cylindres déliés et parallèles, et à un système de cylindres cannelés perpendiculairement à leur axe, et pareillement parallèles entre eux. Je dis que tous les effets optiques sont subordonnés à cette loi, parce que dans les cas les plus complexes, comme ceux que présentent les étoffes glacées dont la chaîne et la trame sont de deux et même de trois couleurs différentes, les effets relatifs au principe du mélange des couleurs, aussi bien que ceux qui se rapportent au principe de leur contraste, sont, pour la position déterminée où le spectateur les observe, dominés par la loi de la réflexion de la lumière appliquée à deux systèmes de cylindres parallèles, dont l'un des systèmes est perpendiculaire à l'autre.

Je vais exposer successivement, 1° les effets de la réflexion de la lumière sur un système de cylindres parallèles; 2° les effets de la réflexion de la lumière sur un système de cylindres cannelés perpendiculairement à leur axe et parallèles entre eux; 3° les effets du mélange des couleurs; 4° les effets de leur contraste; afin de déduire de la connaissance de ces effets les quatre principes auxquels je rapporterai, en définitive, les effets optiques des étoffes de soie, dans la partie de l'ouvrage consacrée à l'application.

CHAPITRE I.

RÉFLEXION DE LA LUMIÈRE SUR DES SURFACES CYLINDRIQUES PARALLÈLES.

2. Considérons la manière dont la lumière diffuse est réfléchie par un système de cylindres métalliques qui sont contigus et parallèles : ce système repose sur un plan horizontal, dans une chambre, près de l'ouverture d'une fenêtre exposée au nord, par laquelle il n'arrive que de la lumière diffuse.

Le système peut occuper deux positions principales : dans la première, les plans de la lumière incidente comprennent les axes des cylindres ; dans la seconde, ils sont perpendiculaires à ces mêmes axes.

L'observateur pouvant voir les cylindres en faisant face au jour, ou en tournant le dos à la fenêtre, je distinguerai quatre circonstances principales relativement à la manière dont il pourra les regarder. Dans tous les cas, il est placé de manière à recevoir la lumière réfléchie sous un angle de 30^d ; mais les phénomènes sont bien sensibles encore de 30 à 20^d et de 30 à 40^d.

3. Supposons un système de cylindres de $0^m,015$ de diamètre et de $0^m,11$ de longueur, d'un métal

blanc, placé dans la première position, le jour venant de *a* (fig. 1).

1re *circonstance*. Si l'observateur le regarde de *b* en *a*, il verra la partie la plus élevée des cylindres 1, 2, 3, brillante, à cause de la lumière qu'elle réfléchit spéculairement, tandis que les parties médianes du cylindre 2 présenteront deux zones ombrées. Au-dessous de celles-ci il y aura deux zones éclairées par la lumière que reflètent les surfaces convexes des cylindres 1 et 3; enfin, au-dessous de ces zones se trouvera la partie obscure formant le fond des sillons qui séparent chaque cylindre l'un de l'autre.

2e *circonstance*. Si l'observateur regarde le système de *a* en *b*, il verra les cylindres ombrés, parce qu'il ne recevra plus qu'une faible lumière réfléchie irrégulièrement.

Supposons le système des cylindres de métal blanc placé dans la seconde position, le jour venant de *a* (fig. 2).

3e *circonstance*. Si l'observateur le regarde de *b* en *a*, il verra une zone brillante réfléchie spéculairement par la partie la plus élevée de chaque cylindre, mais elle sera plus étroite et moins vive que celle qui apparaît dans la 1re circonstance. Enfin, la convexité de chaque sillon tournée vers l'œil sera obscure, puisqu'elle ne reçoit pas de lumière directe.

4e *circonstance*. Si l'observateur regarde le système de *a* en *b*, il verra une zone très-brillante de lumière réfléchie spéculairement par la partie médiane de chaque cylindre exposée à la lumière directe. Chaque zone lumineuse est séparée de sa voisine par une zone obscure, qui est la partie la plus élevée de chaque cylindre, c'est-à-dire, celle qui réfléchit la lumière à l'œil du spectateur placé dans la 3e circonstance.

4. Supposons maintenant un système de cylindres de 0m,015 de diamètre d'un métal coloré; les phénomènes seront absolument analogues, sauf les effets de couleur dont je vais parler.

1re *circonstance*. La lumière blanche réfléchie spéculairement par la partie supérieure de chaque cylindre, affaiblit la couleur particulière au métal, de manière que le ton de cette couleur résultant de la lumière simplement reflétée par les parties médianes des cylindres, en est plus élevé que ne l'est le ton de la lumière colorée réfléchie par la partie supérieure. En outre, le contraste de ton de la zone la plus lumineuse avec les zones les plus obscures étant moindre dans le métal coloré que dans le métal blanc, l'ombre paraît moins forte, ou, en d'autres termes, la lumière est plus également répartie à la surface du système des cylindres de métal coloré, qu'elle ne l'est à la surface du système des cylindres de métal blanc.

2e *circonstance*. Par les raisons précédentes, le premier système paraît moins obscur que ne le paraît le second au spectateur observant dans cette circonstance.

3e et 4e *circonstances*. Je n'ai rien à ajouter à ce qui précède pour apprécier les effets relatifs aux 3e et 4e circonstances, parce qu'ils se déduisent tout simplement de ce que je viens de dire des effets observés dans les deux premières circonstances.

5. Les effets seront semblables pour des systèmes de cylindres métalliques blancs ou colorés, d'un diamètre de $0^m,001$ ou de $0^m,0005$; et c'est même en observant deux simultanément dans la première et la seconde position, que l'on jugera que le système est bien plus lumineux dans la 1re circonstance que dans la 3e, et qu'il est au maximum d'ombre dans la 2e, tandis qu'il présente un maximum de clarté dans la 4e.

6. Les effets seront les mêmes pour des fils de soie montée, et même de soie grenadine, blancs, noirs ou colorés, disposés parallèlement sur des planchettes noires; et, à plus forte raison, ils seront encore les mêmes pour des fils de soie plate, blancs, noirs ou colorés, disposés de la même manière.

Ainsi, dans la 1re circonstance, les cylindres de soie apparaîtront éclairés, tandis que dans la 2e ils paraîtront ombrés; et parce qu'ils ne réfléchissent spéculairement qu'une très-petite quantité de lumière, relativement à celle qu'ils réfléchissent irrégulièrement, et que, sous ce rapport, ils diffèrent beaucoup des cylindres métalliques de $0^m,001$ de diamètre, il en résulte que, dans la 3e circonstance, faute de réfléchir régulièrement cette zone de lumière que montrent les cylindres métalliques, ils paraissent alors bien moins éclairés que dans la 4e circonstance.

Conclusion. Pour les cylindres de soie, la 2e circonstance présente évidemment le *minimum de lumière* ou le *maximum d'ombre*, et la 4e le *maximum de lumière* ou *de clarté*.

7. Nous verrons dans l'application que les principes dont je viens de parler expliquent de la manière la plus simple les effets optiques du satin par la chaîne, du satin par la trame, et du velours frisé dit épinglé.

CHAPITRE II.

DE LA RÉFLEXION DE LA LUMIÈRE SUR DES SURFACES CYLINDRIQUES A CANNELURES TRANSVERSALES.

8. Le principe de la réflexion de la lumière par des surfaces cylindriques n'est pas applicable à l'explication des effets optiques de toutes les étoffes indistinctement; car parmi les étoffes *à côtes*, il en est qu'on ne saurait assimiler à un système de cylindres parallèles, par la raison que les côtes, loin de présenter une surface unie ou à peu près unie, ont des sillons plus ou moins profonds perpendiculaires à leur axe. Si des sillons séparent ces côtes l'une de l'autre dans le sens de leur longueur, comme les sillons qui séparent des cylindres disposés parallèlement, les sillons qui creusent la surface des côtes perpendiculairement à leur axe les mettent dans une condition toute différente de celle des cylindres pour réfléchir la lumière qui leur arrive obliquement; et l'on jugera de la différence des effets, en observant la réflexion de la lumière à la surface d'un système de cylindres parallèles, comparativement avec celle qui a lieu à la

surface des cylindres d'un diamètre de 0^m,015, à cannelures transversales. Mais, avant de parler de ces effets, je dois dire que je désigne sous le nom de *sillons longitudinaux* les parties creuses qui se trouvent entre les cylindres ou entre les *côtes*, et sous celui de *sillons transversaux* les parties creuses transversales de ces côtes. Quant à leurs parties convexes qui réfléchissent la lumière, on peut les comparer à des anneaux cylindriques juxtaposés sur un même axe, et désigner dans chacun d'eux la partie tournée vers la lumière par l'expression de *face antérieure*, et la partie opposée par l'expression de *face postérieure*, soit que l'anneau se présente à la vue par son plan ou qu'il s'y présente par son bord.

9. Supposons un système de cylindres cannelés transversalement de 0^m,015 de diamètre d'un métal blanc, dans la première position (2), le jour venant de *a* (fig. 3).

1re *circonstance.* Si l'observateur le regarde de *b* en *a*, il verra la partie la plus élevée des anneaux plus éclairée que le reste, mais par de la lumière réfléchie irrégulièrement plutôt que par de la lumière réfléchie spéculairement, puisque la face antérieure est en partie cachée à l'œil.

Les parties médianes sont ombrées, et les parties placées au-dessous, dans le fond des sillons longitudinaux, sont éclairées par une lumière de reflet.

En définitive, *l'effet est celui des cylindres diminué de l'effet de toutes les parties enlevées par le creusement des cannelures ou sillons transversaux.*

2e *circonstance*. Si l'observateur regarde le système de *a* en *b*, il recevra plus de lumière réfléchie spéculairement qu'en 1, parce que l'œil aperçoit la partie antérieure des anneaux qui est éclairée.

Quant à leur partie médiane, elle est moins ombrée qu'en 1.

En définitive, *l'effet des cylindres cannelés est inverse de celui des cylindres pleins; car, en cette circonstance, l'œil reçoit plus de lumière que dans la première, la quatrième et même la troisième.*

Supposons le système des cylindres cannelés transversalement de métal blanc dans la seconde position, le jour venant de *a* (fig. 4).

3e *circonstance*. Si l'observateur le regarde de *b* en *a*, il verra les anneaux plus brillants qu'en 1, parce que l'œil embrassant chacun d'eux dans sa largeur, il reçoit plus de lumière réfléchie spéculairement, non-seulement de sa partie la plus élevée, mais encore de chaque sillon même. Cet effet est donc tout différent de celui des cylindres vus dans la même circonstance.

4e *circonstance*. Si l'observateur regarde le système de *a* en *b*, il ne verra qu'une bande de lumière étroite discontinue, réfléchie spéculairement par la partie médiane de la face antérieure de chaque anneau, la partie la plus élevée de cette même face, aussi bien que la partie la plus élevée de chaque sillon transversal, étant fortement ombrée; sous ce rapport elle fait ressortir la vivacité de la lumière réfléchie spéculairement. Ce que je dis du peu de largeur et de la discontinuité de la bande de lumière réfléchie spéculairement par chaque cylindre cannelé, ne s'applique pas au cylindre cannelé le plus rapproché du spectateur, qui, se présentant à découvert, est bien plus lumineux que ne le sont les cylindres placés derrière lui.

10. Supposons maintenant un système de cylindres cannelés transversalement de 0m,015 de diamètre d'un métal coloré. Les phénomènes seront absolument analogues à ceux que nous avons observés en comparant le système des cylindres de métal blanc au système des cylindres de métal coloré. Ainsi, lorsqu'il y aura plus de lumière réfléchie spéculairement, le ton de la couleur sera moins élevé que lorsqu'il y en aura moins de réfléchie avec la lumière colorée. D'un autre côté, avec le système des cylindres cannelés blancs, le contraste de ton des parties brillantes avec les parties ombrées sera plus grand qu'avec le système des cylindres cannelés de couleur.

11. Les phénomènes que je viens de décrire sont bien plus frappants encore, si on les observe sur des cylindres creusés transversalement de sillons très-fins.

12. L'analogie entre les effets optiques des cylindres métalliques à cannelures transversales et les effets optiques des étoffes à côtes, nommées *reps par la trame*, *reps par la chaîne*, *bazinés*, et *côtelines*, deviendra évidente lorsque je traiterai de l'application des principes que je viens d'énoncer aux effets optiques de ces étoffes.

13. Enfin, les velours simulés se comportent comme les reps, lorsqu'on les regarde le dos tourné au jour, tandis qu'il est de ces mêmes velours susceptibles de se comporter à la manière des velours frisés, quand on les regarde le jour en face de soi. Ceux qui sont dans ce cas présentent donc alors les effets des cylindres unis, tandis qu'en les regardant le dos tourné au jour, ils présentent les effets des cylindres à cannelures transversales.

CHAPITRE III.

DU MÉLANGE DES COULEURS.

14. *Loi du mélange des couleurs.* Lorsqu'on mélange des matières colorées comme celles qu'on emploie en peinture, ou qu'on applique par des moyens chimiques sur des étoffes; enfin, lorsqu'on juxtapose des corps colorés assez grands pour apparaître d'une manière distincte à la vue simple, s'ils sont isolés, mais assez petits pour être confondus par leur juxtaposition mutuelle, comme cela arrive aux fils colorés d'une tapisserie des Gobelins, etc., on est conduit à distinguer trois articles dans la loi du principe du mélange des couleurs.

1er *article.* Le mélange de deux couleurs simples donne une couleur binaire franche, c'est-à-dire une couleur qui n'est pas ternie par du noir.

Le rouge et le jaune donnent l'orangé;
Le jaune et le bleu donnent le vert;
Le bleu et le rouge donnent le violet.

2e *article.* Les trois couleurs simples, ou, ce qui revient au même, deux couleurs complémentaires (c'est-à-dire deux couleurs qui, par leur mélange, perdent complétement toute couleur distinctive), mélangées en proportion convenable, donnent du *noir*, si elles sont suffisamment intenses ou élevées en ton, et un *gris normal,* si elles ne le sont pas assez pour que le mélange ne réfléchisse point de lumière blanche.

Le rouge et le vert,
Le jaune et le violet, } donnent du noir.
Le bleu et l'orangé,

3e *article.* Si les proportions de trois couleurs simples ou de deux couleurs complémentaires mélangées ne donnent pas du noir, parce qu'il y a une couleur prédominante sur les autres, l'on obtient alors un *noir* ou un *gris* coloré de la couleur dominante.

Pour de plus grands détails, je renvoie à mes *Recherches physico-chimiques* sur la teinture. (*Mémoires de l'Académie des sciences,* tome XVII, page 835.)

CHAPITRE IV.

DU CONTRASTE DES COULEURS.

15. *Loi du contraste des couleurs.* Elle est exactement l'inverse de la loi du mélange, comme le démontrent les deux articles qui la composent.

1er *article. Contraste de ton.* Lorsqu'on aperçoit deux surfaces incolores ou colorées contiguës, inégalement foncées ou éclairées, la plus claire paraît plus claire, et la plus foncée plus foncée, qu'elles ne le paraîtraient si chacune était vue isolément de l'autre.

Je me sers de l'expression de *ton* pour désigner l'espèce de modification qu'une surface incolore ou colorée éprouve, suivant qu'elle reçoit plus de lumière ou plus de blanc, ou bien qu'elle reçoit moins de lumière, ou, ce qui revient au même, qu'elle reçoit de l'ombre ou du noir.

Une conséquence de ce que je viens de dire, c'est que le blanc élève le ton des couleurs auxquelles il est contigu, tandis que le noir l'abaisse dans la même circonstance de position.

2e *article. Contraste de la couleur.* Lorsque deux surfaces contiguës de couleur différente *a* et *b*, à la même hauteur de ton, sont vues simultanément, elles paraissent aussi différentes que possible; et cette différence peut être prévue, puisque l'expérience apprend que la modification de *a* résulte de l'addition de la complémentaire de *b* à la couleur *a*, comme la modification de *b* résulte de l'addition de la complémentaire de *a* à la couleur *b*.

CONSÉQUENCES.

Le *rouge*	modifie	toute	surface	qui y est contiguë,	en y ajoutant	du *vert*.
Le *vert*	—	—	—	—	—	du *rouge*.
Le *jaune*	—	—	—	—	—	du *violet*.
Le *violet*	—	—	—	—	—	du *jaune*.
Le *bleu*	—	—	—	—	—	de l'*orangé*.
L'*orangé*	—	—	—	—	—	du *bleu*.

Pour de plus grands détails, je renvoie à mon ouvrage sur la *loi du contraste simultané des couleurs*.

DEUXIÈME PARTIE.

APPLICATION.

INTRODUCTION.

16. Toute étoffe se compose de deux systèmes de fils, connus sous les dénominations de chaîne et de trame, dont l'un est perpendiculaire à l'autre.

Dans les étoffes de soie, ce qu'on nomme vulgairement un *fil*, se compose de plusieurs fils de cocon qu'on appelle *brins*.

Le fil le plus fin se compose de trois brins, et le plus gros de huit ou dix.

Le fil obtenu par le dévidage immédiat des cocons est la *soie grége* ou *grége*.

Le fil de soie grége destiné à faire la chaîne d'une étoffe reçoit généralement deux *apprêts* et quelquefois trois.

Le premier consiste à tordre un fil de grége;

Le second consiste à tordre ensemble deux fils de grége qui ont subi chacun un apprêt;

Le troisième consiste à tordre ensemble trois fils de grége qui ont subi chacun un apprêt.

Le fil de soie ainsi apprêté est nommé *organsin*.

Le fil de soie grége destiné à la trame se compose généralement de deux fils de grége et quelquefois de trois, tordus ensemble, mais toujours bien plus faiblement que ne l'est l'organsin.

La chaîne a plus de force que la trame, et la plus grande torsion à laquelle on l'a soumise l'a rendue moins brillante.

On rapporte généralement tous les procédés de tissage à quatre principaux qu'on appelle *armures;* ils sont caractérisés par leurs produits, savoir : le *satin*, le *reps*, le *taffetas* et le *sergé*. Quelques personnes ne comptent que trois armures principales, le *satin*, le *taffetas* et le *sergé*, parce qu'elles considèrent le *reps* comme une simple modification des trois autres.

Afin d'appliquer avec le plus de précision possible les principes que j'ai posés dans la première partie de ce travail, à l'explication des effets optiques que présentent les étoffes de soie les plus remarquables, j'envisagerai ces tissus sous quatre points de vue, dont les trois premiers concernent les *étoffes* dites *unies*, c'est-à-dire, celles qui ne présentent pas de dessins fixes produits par le tissage; leur surface pouvant être plane aussi bien qu'à côtes, l'épithète *unies* s'applique donc à l'absence du dessin et non à l'égalité ou l'inégalité de la surface; le quatrième point de vue concerne les *étoffes façonnées* ou étoffes à dessins fixes produits par le tissage.

1er *point de vue.*

17. Sous le premier point de vue je prends les étoffes unies d'une seule couleur ou monochromes, afin de déterminer la part de la chaîne et de la trame

qui les constituent dans la manière dont leur surface peut réfléchir la lumière qui éclaire les tissus, quand ceux-ci sont observés dans les quatre circonstances dont j'ai parlé en traitant de la réflexion de la lumière par un système de cylindres parallèles lisses ou cannelés (3; 9). De là résultent deux grandes divisions : dans la première, les effets optiques essentiels peuvent se rapporter exclusivement à la chaîne ou à la trame, tandis que dans la seconde, ils se rapportent nécessairement à la chaîne et à la trame.

La première division se partage en quatre sections, dont la première comprend les *satins* et les *velours frisés*, correspondant par leur mode de réfléchir la lumière à un système de cylindres parallèles (3); la deuxième section comprend les *reps*, les *bazinés* et les *côtelines*, dont le mode de réfléchir la lumière correspond à celui d'un système de cylindres cannelés perpendiculairement à leur axe (9); la troisième comprend les *velours simulés*, dont le mode de réfléchir la lumière peut participer à la fois des modes dont les deux systèmes la réfléchissent (13); la quatrième, des velours simulés, dont la réflexion de la lumière est telle, que, dans la première et la troisième circonstance, elle paraissait être également éclairée.

La seconde division renferme des étoffes assez variées, savoir : la gaze, le crêpe lisse, le florence, la marceline, le taffetas, la louisine, le gros de Naples, le pou-de-soie, la turquoise, le sergé, la virginie et le filoché.

2e point de vue.

18. Sous le second point de vue, j'examine, non plus des étoffes unies monochromes, mais des étoffes dont la chaîne et la trame, étant toutes les deux visibles, n'ont pas la même couleur. Elles sont dites *glacées;* celles qui présentent des fils de trois couleurs différentes sont distinguées des étoffes dont les fils ne sont que de deux couleurs par la dénomination de *caméléons*.

3e point de vue.

19. Sous le troisième point de vue, je considère des étoffes unies à côtes et monochromes ou glacées qui, après le tissage, doivent à une pression convenablement opérée cette sorte de dessins qu'on appelle *moire*.

4e point de vue.

20. Sous le quatrième point de vue, je considère les étoffes relativement aux dessins *fixes*, c'est-à-dire aux dessins qui conservent leurs limites ou leur figure, quelles que soient les positions dans lesquelles on les regarde. Ces dessins, résultat du tissage, peuvent être d'une seule couleur et produits par la chaîne ou par la trame seulement, ou à la fois par la chaîne et par la trame, comme on le voit dans la *damassure* primitive par exemple; les dessins peuvent être de couleurs différentes, et présenter, soit les images les plus simples, comme des zones rectilignes, des zones en zigzag, des zones ondulées; soit des images plus ou moins complexes, telles que des fleurs, des insectes, etc. L'examen des *étoffes* dites *façonnées* appartient donc au quatrième point de vue, comme l'examen des *étoffes* dites *unies* appartient aux trois premiers.

TABLEAU.

Ier POINT DE VUE. Étoffes unies monochromes, considérées relativement à la part que la chaîne et la trame qui les constituent peuvent avoir dans la réflexion de la lumière.

Ire DIVISION. Étoffes monochromes, dont les effets optiques essentiels peuvent être rapportés exclusivement à la chaîne ou à la trame.

1re *section.* Étoffes monochromes à surface plane et étoffes monochromes à côtes, dont les effets optiques correspondent à ceux d'un système de cylindres parallèles.

1re sous-section. Étoffe à surface plane ou unie.
- 1. satin par la chaîne.
- 2. — trame.

2e sous-section. Étoffes à côtes.
- 3. velours frisés dits épinglés.

2e *section.* Étoffes monochromes à côtes parallèles, dont les effets optiques correspondent à ceux d'un système de cylindres cannelés perpendiculairem. à leur axe et parallèles entre eux.
- 1. 2. reps.
  - par la trame.
  - par la chaîne ou cannelés.
- 3. bazinés.
- 4. côtelines.
- 5. certains velours simulés.

3e *section.* Étoffes monochromes à côtes parallèles, dont les effets optiques correspondent à la fois à ceux d'un système de cylindres parallèles et à ceux d'un système de cylindres cannelés perpendiculairement à leur axe.
- Certains velours simulés.

4e *section.* Étoffes monochromes à côtes parallèles, dont les effets optiques correspondent à ceux d'un système de cylindres parallèles qui seraient cannelés de manière à paraître aussi éclairés dans la 1re circonstance que dans la 3e.
- Certains velours simulés.

IIe DIVISION. Étoffes monochromes dont les effets optiques se rapportent à la fois à la chaîne et à la trame.

1re *section*......................
- Gaze.
- Crêpe lisse.
- Florence.
- Marceline.
- Louisine.
- Taffetas.
- Gros de Naples.
- Pou-de-soie.
- Turquoise.

2e *section*......................
- Sergé.
- Virginie.

3e *section*...................... Filoché.

IIe POINT DE VUE.	Étoffes unies dont la chaîne et la trame sont apparentes et de deux couleurs différentes. *Étoffes glacées.*
1re section.	Étoffes glacées à trame monochrome.
2e section.	Étoffes glacées à trame bichrome.
IIIe POINT DE VUE.	Étoffes unies monochromes ou étoffes glacées considérées relativement à l'apprêt de la moire. *Étoffes moirées.*
Ire DIVISION.	Étoffes monochromes moirées.
IIe DIVISION.	Étoffes glacées moirées.
1re section.	Étoffes glacées moirées à trame monochrome.
2e section.	Étoffes glacées moirées à trame bichrome.
IVe POINT DE VUE.	Étoffes considérées relativement à des dessins *fixes*, c'est-à-dire, à des dessins qui conservent leurs limites, quelles que soient les positions dans lesquelles on les regarde. *Étoffes façonnées.*
Ire DIVISION.	Étoffes façonnées monochromes dont les effets optiques se rapportent exclusivement à la chaîne ou à la trame.
IIe DIVISION.	Étoffes façonnées monochromes dont les effets optiques se rapportent à la fois à la chaîne et à la trame.
IIIe DIVISION.	Étoffes façonnées dont les effets optiques se rapportent à des fils de différents tons d'une même couleur.
IVe DIVISION.	Étoffes façonnées dont les effets optiques se rapportent soit à des fils d'une couleur ou de plusieurs couleurs, alliés à des fils blancs, ou noirs, ou gris; soit à des fils de plusieurs couleurs alliés ensemble, y compris le blanc, le gris et le noir.

PREMIER POINT DE VUE.

Étude au 1er point de vue.

Des étoffes unies monochromes relativement à la part que la chaîne et la trame qui les constituent peuvent avoir dans la réflexion de la lumière.

Ire DIVISION.

ÉTOFFES MONOCHROMES DONT LES EFFETS OPTIQUES ESSENTIELS PEUVENT SE RAPPORTER EXCLUSIVEMET A LA CHAINE OU A LA TRAME.

1re SECTION. *Étoffes monochromes à surface plane et étoffes monochromes à côtes, dont les effets optiques correspondent à ceux d'un système de cylindres parallèles.*

1re sous-section. Étoffes monochromes à surface plane. { Satin par la chaîne. / Satin par la trame.

Satin.

21. C'est une étoffe dont la chaîne paraît seule pour ainsi dire à l'endroit, sous la forme de petits cylindres parallèles, dont les extrémités disparaissent dans l'intérieur même de l'étoffe par l'effet du *liage ;* opération indispensable pour assurer la permanence des fils où le tissage les a placés. En suivant dans le

sens transversal d'une pièce de satin une série de fils contigus l'un à l'autre, on voit que les points de liage des deux extrémités de chaque partie visible d'un même fil ne correspondent pas aux points de liage du fil contigu. Loin de là, ils sont alternés, et ils le sont d'une manière tout à fait irrégulière; de sorte que les deux lignes qui joindraient tous les points de liage de la série de fils dont nous parlons seraient aussi *brisées* que possible. Le motif de cette disposition est de dissimuler autant qu'on le peut les points de liage, et cela, afin que la surface du satin présente l'aspect le plus uni comme le plus brillant. C'est encore pour atteindre ce but que les fils de la chaîne sont aussi nombreux que possible. Telle est la texture du *satin proprement dit.*

22. Dans le *satin par la trame,* qui n'est que l'envers du précédent, c'est, comme la dénomination l'indique, la trame qui apparaît, et toujours sous la forme de petits cylindres assujettis au même mode de liage.

23. *Effets optiques du satin.*

SATIN BLANC.

Première position.

Circonstance 1re de *b* en *a*, blanc brillant.
— 2e de *a* en *b*, très-ombré (minimum d'éclat).

Deuxième position.

— 3e de *b* en *a*, ombré, mais moins gris que 2.
— 4e de *a* en *b*, blanc brillant plus que 1 (maximum d'éclat).

SATIN NOIR.

Première position.

Circonstance 1re de *b* en *a*, noir gris.
— 2e de *a* en *b*, noir intense plus que 3 (maximum de noir).

Deuxième position.

— 3e de *b* en *a*, beau noir.
— 4e de *a* en *b*, gris, tant il y a de lumière blanche (minimum de noir).

SATIN GRIS.

Première position.

— 1re de *b* en *a*, gris brillant.
— 2e de *a* en *b*, gris extrêmement ombré (minimum d'éclat).

Deuxième position.

— 3e de *b* en *a*, gris ombré.
— 4e de *a* en *b*, gris brillant plus que 1 (maximum d'éclat).

SATIN ROUGE.

Première position.

— 1re de *b* en *a*, rouge tirant sur l'orangé.
— 2e de *a* en *b*, rouge foncé sans orangé (minimum d'éclat).

Deuxième position.

— 3e de *b* en *a*, rouge tirant sur l'amarante plutôt que sur l'orangé.
— 4e de *a* en *b*, rouge clair légèrement orangé (maximum d'éclat).

SATIN ROSE.

Première position.

— 1re de *b* en *a*, rose léger, brillant.
— 2e de *a* en *b*, rose violet (maximum de couleur, ou ton le plus intense).

Deuxième position.

— 3e de *b* en *a*, rose gris-verdâtre.
— 4e de *a* en *b*, rose plus léger, plus brillant, plus clair que 1 (maximum d'éclat).

SATIN ORANGÉ.

Première position.

— 1re de *b* en *a*, orangé brillant.
— 2e de *a* en *b*, orangé foncé, terni par du gris sans verdâtre (minimum d'éclat).

Deuxième position.

Circonstance 3e de *b* en *a*, orangé clair, terni par du gris verdâtre.
— 4e de *a* en *b*, orangé brillant (maximum d'éclat).

SATIN JAUNE.

Première position.

— 1re de *b* en *a*, jaune brillant.
— 2e de *a* en *b*, jaune foncé sans verdâtre.

Deuxième position.

— 3e de *b* en *a*, jaune clair verdâtre.
— 4e de *a* en *b*, jaune brillant.

SATIN VERT.

Première position.

— 1re de *b* en *a*, vert brillant.
— 2e de *a* en *b*, vert noir.

Deuxième position.

— 3e de *b* en *a*, vert plus intense que 1.
— 4e de *a* en *b*, vert brillant.

SATIN BLEU.

Première position.

— 1re de *b* en *a*, bleu clair violeté.
— 2e de *a* en *b*, bleu noir.

Deuxième position.

— 3e de *b* en *a*, bleu sensiblement moins violet et plus foncé que 1.
— 4e de *a* en *b*, bleu brillant.

SATIN VIOLET.

Première position.

— 1re de *b* en *a*, violet clair.
— 2e de *a* en *b*, violet noir.

Deuxième position.

— 3e de *b* en *a*, violet plus intense, plus bleu, plus beau que 1.
— 4e de *a* en *b*, beau violet brillant.

CONCLUSIONS.

24. On voit que le satin blanc a l'aspect le plus beau dans la 4ᵉ circonstance, où il réfléchit le plus de lumière, et qu'il se montre avec le moins d'avantage dans la 2ᵉ, où il en réfléchit le moins possible ; tandis que l'inverse a lieu pour le satin noir : résultat tout simple, puisque l'effet du noir n'a jamais plus d'intensité que lorsqu'il y a le moins possible de lumière réfléchie.

25. De ces faits, on peut déduire l'influence des circonstances de position sur la beauté des tissus de soie de couleur ; si tous paraissent avec le plus de brillant dans la 4ᵉ circonstance, il pourra arriver que des étoffes d'un ton clair, perdant trop de leur teinte, se montreront avec plus d'avantage dans la 2ᵉ circonstance, en admettant d'ailleurs que le tissu en soit parfaitement égal ; car les inégalités sont alors plus sensibles que dans la circonstance où il y a plus de lumière réfléchie. Quant aux étoffes de couleur foncée, l'effet en sera toujours plus avantageux dans la 4ᵉ circonstance que dans la 2ᵉ, par la raison que la couleur sera plus sensible ; enfin, il y aura des couleurs montées à certains tons, comme le violet, qui seront vues d'une manière très-avantageuse dans la 3ᵉ circonstance, tandis que ce sera le contraire pour le jaune, etc. Dans plusieurs circonstances, il est difficile d'apprécier la différence d'éclat entre le même satin observé dans la 1ʳᵉ et la 4ᵉ circonstance ; il semble aussi que certaines couleurs soient plus pures dans celle-ci que dans la 1ʳᵉ.

Velours frisés dits épinglés.

26. Les velours frisés ou les *cannelés veloutés* (*) sont des tissus à côtes transversales creuses. Ces côtes ont été formées au moyen d'une broche cylindrique de fer qui, après avoir été couverte par le poil ou la chaîne, en est séparée ; de sorte qu'alors la côte reste creuse dans toute sa longueur, et présente à l'extérieur une surface cylindrique formée par la chaîne.

27. Pour que les effets optiques se présentent au spectateur tels que nous allons les décrire, il est bien nécessaire que chaque côte formée par la chaîne présente celle-ci sous forme d'anneaux, autant que possible égaux, parallèles entre eux, et perpendiculaires à l'axe du cylindre qu'ils représentent.

VELOURS FRISÉ BLANC.

Première position.

Circonstance 1re de *b* en *a*, blanc, sillons longitudinaux ombrés.
— 2e de *a* en *b*, un peu plus ombré que 4.

Deuxième position.

— 3e de *b* en *a*, plus ombré que 1 (maximum d'ombre).
— 4e de *a* en *b*, blanc, sillons moins ombrés que 1 et moins larges (maximum de blancheur).

VELOURS FRISÉ NOIR.

Première position.

— 1re de *b* en *a*, noir violâtre profondément sillonné.
— 2e de *a* en *b*, plus foncé que 1.

(*) Il est nécessaire d'ajouter au mot cannelés l'épithète de *veloutés*, par la raison que l'on donne quelquefois le nom de cannelé au reps *fait par la chaîne ;* nous verrons plus tard que le reps ordinaire est *fait par la trame.*

Deuxième position.

Circonstance 3e de *b* en *a*, noir jaunâtre légèrement sillonné, réellement plus ombré que 1 (maximum d'ombre).

— 4e de *a* en *b*, moins foncé que 2 (maximum de clarté).

VELOURS FRISÉ GRIS.

Première position.

— 1re de *b* en *a*, gris clair, sillons longitudinaux ombrés.

— 2e de *a* en *b*, plus ombré que 1.

Deuxième position.

— 3e de *b* en *a*, plus ombré que 1 et que 2 (maximum d'ombre).

— 4e de *a* en *b*, gris clair, lignes ombrées, peu différent de 1 (maximum de clarté).

VELOURS FRISÉ ROUGE.

Première position.

— 1re de *b* en *a*, rose, sillons longitudinaux ombrés (maximum de clarté).

— 2e de *a* en *b*, plus ombré que 1.

Deuxième position.

— 3e de *b* en *a*, rouge moins violet que ne l'est le rose 1, et cependant plus foncé (maximum d'ombre).

— 4e de *a* en *b*, moins ombré que 2.

Résultats analogues pour le rouge tirant sur l'orangé, et pour le rose.

VELOURS FRISÉ ORANGÉ.

Première position.

— 1re de *b* en *a*, orangé jaune un peu gris (maximum de clarté).

— 2e de *a* en *b*, orangé rougeâtre plus foncé que 1 et que 4.

Deuxième position.

— 3e de *b* en *a*, orangé rougeâtre-brun plus foncé que 1 (maximum d'ombre).

— 4e de *a* en *b*, orangé jaune brillant, couleur la plus pure (maximum de pureté de couleur et de brillant).

VELOURS FRISÉ JAUNE.

Première position.

— 1re de *b* en *a*, jaune clair, sillons longitudinaux légèrement gris.

— 2e de *a* en *b*, plus ombré que 1.

Deuxième position.

— 3e de *b* en *a*, jaune plus foncé et cependant plus verdâtre que 1 (maximum d'ombre).

— 4e de *a* en *b*, moins ombré que 2, mais légère différence (maximum de clarté).

Résultat analogue pour les étoffes d'un jaune clair.

VELOURS FRISÉ VERT.

Première position.

Circonstance 1re de *b* en *a*, vert, sillons longitudinaux ombrés (maximum de clarté).

— 2e de *a* en *b*, plus ombré que 1 et moins jaune.

Deuxième position.

— 3e de *b* en *a*, vert plus intense, moins brillant, plus brun que 1 (maximum d'ombre).

— 4e de *a* en *b*, plus clair que 2 et presque aussi clair que 1.

Résultat analogue pour les étoffes d'un vert clair, sauf que 4 présente le maximum de clarté.

VELOURS FRISÉ BLEU.

Première position.

— 1re de *b* en *a*, bleu, sillons longitudinaux ombrés (maximum de clarté).

— 2e de *a* en *b*, plus ombré que 1.

Deuxième position.

— 3e de *b* en *a*, bleu plus intense, plus beau, plus violet que 1 (maximum d'ombre).

— 4e de *a* en *b*, évidemment plus clair que 2, moins verdâtre que 1, et presque aussi clair (maximum de pureté de couleur).

Résultat analogue pour les étoffes d'un bleu clair, mais 4 présente le maximum de clarté.

VELOURS FRISÉ VIOLET.

Première position.

— 1re de *b* en *a*, violet clair, sillons longitudinaux ombrés (maximum de clarté).

— 2e de *a* en *b*, violet moins clair ou plus ombré que 1.

Deuxième position.

— 3e de *b* en *a*, violet plus intense que 1, mais sans être évidemment supérieur et plus bleu que lui.

Résultat fort différent du satin violet de même ton, observé dans les mêmes circonstances (maximum d'ombre).

— 4e de *a* en *b*, évidemment plus clair que 2, presque aussi clair que 1.

Résultat analogue pour les étoffes d'un violet clair, sauf que 4 présente le maximum de clarté.

CONCLUSIONS.

28. Le maximum de différence que présentent les satins, relativement aux quatre circonstances dans lesquelles on peut les regarder, a lieu entre la 2e circonstance, où l'étoffe présente le maximum d'ombre, et la 4e, où elle apparaît avec le maximum de clarté.

29. Les velours frisés ont cette analogie avec les satins, que, vus dans la 1re circonstance, ils sont plus clairs que dans la 3e, et qu'ils le sont plus dans la 4e que dans la 2e; mais les différences qu'ils présentent entre eux sont bien moins prononcées que celles qu'on observe entre les satins placés dans les mêmes circonstances. La structure des velours frisés rend parfaitement compte de ce résultat : car effectivement si les côtes de ces tissus semblent à l'œil nu des cylindres, chacune d'elles présente à la loupe une surface qui est bien éloignée d'être lisse, par la raison que les anneaux juxtaposés qui constituent cette côte n'ont point l'égalité et le parallélisme convenables pour constituer une surface exactement cylindrique. Cette structure, en rapprochant jusqu'à un certain point les côtes des velours frisés des systèmes de cylindres à cannelures transversales (9, 10, 11), explique donc de la manière la plus satisfaisante pourquoi les effets optiques des velours simulés n'ont pas entre eux la même opposition que les effets optiques des satins dont les fils parallèles et lisses correspondent parfaitement à un système de cylindres métalliques disposés parallèlement. Il n'est pas surprenant,

d'après les considérations précédentes, qu'il y ait de la difficulté à prononcer dans plusieurs cas si le maximum de clarté se présente dans la 1re ou la 4e circonstance, et le maximum d'ombre dans la 2e ou la 3e, non-seulement parce que la différence à apprécier est très-faible, mais parce que cette différence n'est pas exactement de la même nature, et voici comment : dans la 1re circonstance il y a évidemment en général plus de lumière réfléchie spéculairement que dans la 4e ; mais dans celle-ci il paraît y avoir plus de lumière réfléchie irrégulièrement, et les sillons étant moins apparents la lumière est plus également répartie; c'est surtout avec le blanc, le gris, le rose, l'orangé, le jaune, le vert, le bleu et le violet clairs que le maximum de clarté paraît dans la 4e circonstance, tandis qu'avec le noir, le rouge, l'orangé, le vert, le bleu, le violet foncés il paraît être dans la 1re. Quant au maximum d'ombre, il appartient à la 3e circonstance pour toutes les couleurs, le blanc, le noir et le gris compris. Enfin, si le maximum de clarté ne se rapporte pas, pour tous les velours frisés, à la 4e circonstance, c'est lorsqu'ils y sont placés qu'ils apparaissent avec la couleur la plus franche et la plus agréable.

Des cas que je n'ai point observés pourraient se présenter; c'est que des échantillons de velours épinglés auraient leurs côtes tellement striées : 1° que, vus dans la 1re et la 2e circonstance, ils apparaîtraient avec le même éclat; 2° que, vus dans la 2e et la 4e circonstance, il en serait encore de même.

IIe SECTION. *Étoffes monochromes à côtes parallèles, dont les effets optiques correspondent à ceux d'un système de cylindres cannelés perpendiculairement à leur axe et parallèles entre eux.*

30. Lorsqu'on ignore la manière dont la lumière est réfléchie par des cylindres, suivant que leur surface est lisse ou cannelée transversalement, on ne voit pas comment les velours frisés avec leurs côtes saillantes se comportent à l'instar des satins dont la surface est si unie. L'étonnement redouble encore lorsqu'on voit les reps, qui, comme les velours frisés, ont des côtes prononcées, agir sur la lumière autrement que ces derniers tissus. Mais si, après avoir étudié comparativement la réflexion de la lumière à la surface des cylindres lisses et à la surface des cylindres à cannelures transversales, on vient à reconnaître, au moyen de la loupe, l'analogie de surface des reps, des cannelés, des basinés et des côtelines, avec celle des cylindres cannelés transversalement, l'étonnement cesse, car l'explication des effets qui paraissaient si étranges est trouvée.

Je vais examiner successivement les reps proprement dits, les reps par la chaîne ou cannelés, les basinés et les côtelines, et quelques velours simulés.

I. *Reps proprement dits ou reps par la trame.*

31. Dans les reps par la trame, la chaîne forme l'axe des côtes, et les intervalles des fils qui la constituent donnent lieu aux sillons longitudinaux qui

séparent une côte de ses voisines. Quant à la trame, elle couvre entièrement la chaîne à l'endroit, sous forme d'anneaux cylindriques ou aplatis, dont chacun est séparé de ses voisins par des sillons transversaux, bien plus prononcés en général que ne le sont les sillons transversaux des côtes cylindriques des velours frisés.

32. *Effets optiques des reps.*

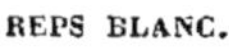

REPS BLANC.

Première position.

Circonstance 1re de *b* en *a*, côtes et sillons longitudinaux ombrés.
— 2e de *a* en *b*, côtes brillantes, sillons longitudinaux légèrement ombrés (maximum de clarté).

Deuxième position.

— 3e de *b* en *a*, plus clair, plus brillant que 1, mais moins que 2.
— 4e de *a* en *b*, plus ombré que 1 (maximum d'ombre).

REPS NOIR.

Première position.

— 1re de *b* en *a*, beau noir.
— 2e de *a* en *b*, gris noir (maximum de clarté).

Deuxième position.

— 3e de *b* en *a*, gris noir.
— 4e de *a* en *b*, beau noir plus intense que 1 (maximum d'ombre).

REPS GRIS.

Première position.

— 1re de *b* en *a*, gris ombré.
— 2e de *a* en *b*, gris clair brillant (maximum de clarté).

Deuxième position.

— 3e de *b* en *a*, gris clair moins brillant que 2.
— 4e de *a* en *b*, gris plus ombré que 1 (maximum d'ombre).

REPS ROSE.

Première position.

— 1re de *b* en *a*, rose un peu gris.
— 2e de *a* en *b*, rose clair brillant (maximum de clarté).

Deuxième position.

— 3e de *b* en *a*, rose moins gris que 1.
— 4e de *a* en *b*, rose intense (maximum d'intensité de couleur).

REPS ROUGE.

Première position.

Circonstance 1re de *b* en *a*, rouge tirant à l'amarante.
— 2e de *a* en *b*, rouge brillant (maximum de clarté).

Deuxième position.

— 3e de *b* en *a*, rouge plus clair, moins amarante que 1.
— 4e de *a* en *b*, rouge brun (maximum d'ombre).

REPS ORANGÉ.

Première position.

— 1re de *b* en *a*, orangé gris tirant au verdâtre.
— 2e de *a* en *b*, orangé très-brillant (maximum de clarté).

Deuxième position.

— 3e de *b* en *a*, orangé brillant.
— 4e de *a* en *b*, orangé brun (maximum d'ombre).

REPS JAUNE.

Première position.

— 1re de *b* en *a*, jaune gris-verdâtre à cause de l'ombre.
— 2e de *a* en *b*, jaune clair brillant (maximum de clarté).

Deuxième position.

— 3e de *b* en *a*, jaune clair non verdâtre.
— 4e de *a* en *b*, jaune verdâtre plus intense que 1 (maximum d'ombre).

REPS VERT CLAIR.

Première position.

— 1re de *b* en *a*, vert intense.
— 2e de *a* en *b*, vert clair des plus brillants (maximum de clarté).

Deuxième position.

— 3e de *b* en *a*, vert peu différent de 1, un peu plus clair.
— 4e de *a* en *b*, vert très-foncé (maximum d'ombre).

REPS VERT.

Première position.

— 1re de *b* en *a*, vert intense franc.
— 2e de *a* en *b*, vert plus clair évidemment que 1, moins franc (maximum de clarté).

Deuxième position.

Circonstance 3e de *b* en *a*, vert un peu plus clair que 1, mais moins pur, plus gris.

— 4e de *a* en *b*, vert noir (maximum d'ombre).

REPS BLEU CLAIR.

Première position.

— 1re de *b* en *a*, bleu légèrement ardoisé à cause de l'ombre.

— 2e de *a* en *b*, bleu clair franc brillant (maximum de clarté).

Deuxième position.

— 3e de *b* en *a*, bleu un peu plus clair que 1, plus franc, plus violeté.

— 4e de *a* en *b*, bleu plus foncé que 1 (maximum de couleur et d'ombre).

REPS BLEU.

Première position.

— 1re de *b* en *a*, bleu moins violet et moins clair que 3.

— 2e de *a* en *b*, bleu franc et plus clair que 1 (maximum de clarté).

Deuxième position.

— 3e de *b* en *a*, plus violeté que 1 et un peu plus clair.

— 4e de *a* en *b*, bleu violeté très-foncé (maximum d'ombre).

REPS VIOLET CLAIR.

Première position.

— 1re de *b* en *a*, violet franc plus foncé que 3.

— 2e de *a* en *b*, violet plus franc, plus clair que 1 (maximum de clarté).

Deuxième position.

— 3e de *b* en *a*, violet plus clair, moins franc que 1.

— 4e de *a* en *b*, violet ombré (maximum d'ombre).

REPS VIOLET.

Première position.

— 1re de *b* en *a*, violet peut-être plus bleu que 3.

— 2e de *a* en *b*, violet clair pur (maximum de clarté).

Deuxième position.

— 3e de *b* en *a*, violet un peu plus clair que 1, mais bien moins pur.

— 4e de *a* en *b*, violet foncé noir (maximum d'ombre).

RÉSUMÉ ET CONCLUSIONS.

33. (*a*) Le maximum de différence qu'on peut observer entre les aspects du reps, relativement aux circonstances dans lesquelles on le regarde, se manifeste donc lorsque le dos du spectateur est tourné à la lumière, ou, en d'autres termes, dans la 2e et la 4e circonstance, ainsi que cela a lieu pour les satins; cependant, avec cette différence que l'axe des côtes du reps étant compris dans le plan de la lumière incidente comme l'axe des fils visibles du satin, le maximum de clarté des reps se manifeste dans la 2e circonstance, et le maximum d'ombre dans la 4e, tandis que pour le satin c'est l'inverse.

(*b*) Je ferai remarquer que si on suppose les côtes du reps aplaties par la pression, les effets optiques qu'il présentera alors seront absolument les mêmes que ceux du satin, par la raison que les anneaux une fois aplatis réfléchiront nécessairement la lumière, comme le font les cylindres déliés du satin dans la 4e circonstance.

(*c*) Si l'œil, regardant de *b* en *a* le reps dans la première position, voit plus de points de sa surface que dans la seconde, puisqu'il découvre chaque côte dans toute sa largeur, d'un autre côté, les sillons longitudinaux et la face postérieure des anneaux lui apparaissent ombrés, tandis que dans la seconde position il ne voit point les sillons longitudinaux dans toute leur profondeur, et les anneaux qu'il découvre dans leur largeur lui renvoient plus de lumière qu'il n'en recevait du reps vu dans la première position.

(*d*) Si l'étoffe est de couleur claire, le contraste de ton produit par l'obscurité des sillons longitudinaux en 1 tend à affaiblir l'intensité de la couleur en vertu du contraste de ton (15).

(*e*) Si l'œil regarde de *a* en *b* le reps dans la première position, il le voit au maximum de clarté, parce qu'il découvre la face antérieure des anneaux, tandis qu'il voit ceux-ci au maximum d'ombre dans la seconde position, où les filaments qui les constituent se présentent à la lumière à peu près comme les cylindres du satin vus dans cette même position. Si l'étoffe est colorée, l'absence de la lumière réfléchie spéculairement et la diminution de la lumière réfléchie irrégulièrement augmentent l'intensité de la couleur ou en élèvent le ton.

(*f*) Si les reps paraissent plus clairs en 3 qu'en 1, cette clarté est favorable au reps blanc et à ceux de couleurs claires, tandis qu'elle nuit aux reps noirs et à ceux de couleurs foncées.

II. *Reps par la chaîne ou cannelés.*

34. Des deux systèmes de fils qui constituent les reps par la chaîne, celle-ci seule apparaît à l'endroit de l'étoffe; et les côtes, et par conséquent les sillons longitudinaux qui les séparent, sont dans le sens transversal ou dans le sens de la largeur de l'étoffe, direction inverse de celle des côtes et des sillons longitudinaux du reps par la trame.

35. Les effets optiques sont d'ailleurs les mêmes pour la même position des côtes des deux sortes d'étoffes, avec cette différence cependant que la chaîne qui apparaît dans les reps par la chaîne présente moins de brillant que la trame qui apparaît dans les reps par la trame, par la raison que la chaîne a été plus tordue ou plus *moulinée* (16).

III. *Basinés.*

36. Dans les basinés, les effets optiques généraux sont identiques avec ceux du reps par la trame. La disposition des côtes est donc dans le sens longitudinal ou dans celui de la chaîne; mais les côtes, au lieu d'être d'égale largeur, sont inégales, et alternativement larges et étroites suivant le rapport de 3 à 1.

IV. *Côtelines.*

37. Les côtes des côtelines sont longitudinales et formées par de très-gros fils de nature variable, faisant fonction de chaîne; tantôt chaque gros fil consiste en un seul brin de coton, tantôt il se compose de quelques fils; enfin, quelquefois il résulte de la réunion d'un certain nombre de fils fins. Entre chacun de ces gros fils destinés à faire saillie, se trouvent quelques fils fins de chaîne de soie destinés à augmenter par contraste le relief des gros fils. Enfin, ces côtes sont entièrement couvertes à l'endroit par la trame.

V. *Velours simulés.*

38. Les velours simulés ressemblent aux velours frisés, en ce que la chaîne apparaît à l'endroit, et que les côtes en sont transversales et cylindriques; mais une trame propre à les maintenir contre l'effet des pressions extérieures, qui déforment si aisément les côtes creuses des velours frisés, en garnit l'intérieur. En outre, pour prononcer autant que possible l'apparence de ces derniers tissus, on emploie deux trames d'inégale grosseur; l'une est composée d'un grand nombre de fils de soie ou d'un gros fil de coton, et l'autre consiste seulement en un ou deux fils de soie. Toutes les deux sont lancées alternativement au moyen de deux navettes différentes. Il s'en faut beaucoup que les effets optiques des velours simulés soient aussi nettement définis que le sont ceux des satins, du reps, et ceux mêmes des velours épinglés dits frisés. En effet,

A. Il en est qui agissent sur la lumière comme les reps, soit qu'on les regarde en faisant face au jour, ou bien dans la position contraire, quoique cependant les différences soient moins prononcées entre les échantillons vus dans la 1re et la 3e circonstance, ou dans la 2e et la 4e, qu'elles le sont pour les reps regardés comparativement dans les mêmes circonstances.

B. D'un autre côté, il est des velours simulés qui, dans la première position du spectateur, présentent le même effet que les velours frisés, tandis que dans la seconde position ils présentent le même effet que les reps; ils forment une section particulière dont je vais parler (39).

C. Enfin, il est une troisième sorte de velours simulés qui forment une section distincte des deux autres. Leur caractère est de paraître également éclairés lorsqu'on les observe dans la 1re et la 3e circonstance.

Quoi qu'il en soit, dans tous les cas la surface des côtes des velours simulés a plus d'analogie avec celle des cylindres cannelés qu'elle n'en a avec la surface des cylindres unis; car tous les velours simulés des sections 2, 3 et 4, que j'ai pu observer, apparaissent comme les reps dans la 2e et la 4e circonstance.

IIIe SECTION. *Étoffes monochromes à côtes parallèles, dont les effets optiques correspondent à la fois à ceux d'un système de cylindres parallèles unis, et à ceux d'un système de cylindres cannelés perpendiculairement à leur axe.*

39. Les velours simulés dont j'ai parlé (38, B), qui appartiennent à cette section, étaient pour la plupart des tissus à bon marché et à trame de coton. Le résultat remarquable qu'ils m'ont présenté est que l'échantillon placé dans la première position, c'est-à-dire de manière que le plan de la lumière comprenait l'axe des côtes, paraissait plus clair que l'échantillon dont l'axe des côtes était perpendiculaire à ce plan, lorsqu'on les voyait comparativement, soit le jour en face, soit dans la position contraire.

CONCLUSION.

40. (*a*) Les velours simulés de la 3e section se comportent à la manière des velours frisés, lorsqu'on les regarde les yeux tournés vers le jour (de *b* en *a*); ils sont plus clairs dans la 1re circonstance que dans la 3e; mais la différence est légère, parce que, dans la première, la lumière réfléchie spéculairement par la convexité des côtes appauvrit la couleur lorsque celle-ci est d'un ton peu élevé, et d'un autre côté les sillons longitudinaux donnent de l'ombre; tandis que dans la 3e circonstance, comme il y a moins de lumière réfléchie spéculairement, et que les sillons ne se présentent pas dans toute leur profondeur, la couleur, quand elle est d'un ton peu élevé, a plus d'intensité et plus de fraîcheur. On pourrait croire, en n'y regardant pas de près, que l'étoffe serait alors plus claire que dans le premier cas.

(*b*) Les velours simulés diffèrent des velours frisés en ce qu'ils présentent bien plus de différence entre eux, lorsqu'on les regarde le dos tourné à la lumière (de *a* en *b*), que n'en présentent entre eux les velours frisés regardés de la même manière; et de plus, les phénomènes manifestés par les premiers sont inverses des phénomènes manifestés par les seconds. Ainsi, les velours frisés dans la 4e circonstance paraissent plus clairs que dans la 2e, tandis que le contraire a lieu pour les velours simulés.

IVe SECTION. *Étoffes monochromes à côtes parallèles, dont les effets optiques correspondraient à ceux d'un système de cylindres parallèles, tellement cannelés transversalement, qu'ils paraîtraient réfléchir autant de lumière dans la première circonstance que dans la troisième.*

41. J'ai parlé (38, C) de la possibilité de ce cas. En effet, puisqu'il y a des velours simulés dont les côtes sont tellement différentes, suivant les échantillons, que les unes, dans la 1re circonstance, paraissent moins claires que dans la 3e (38), tandis que les autres présentent le résultat inverse, on conçoit, d'après la loi de continuité, qu'il pourra exister des velours simulés qui apparaîtront de la même manière dans les deux circonstances, et c'est en effet ce que j'ai pu observer sur des échantillons blancs, gris et verts.

IIe DIVISION.

ÉTOFFES MONOCHROMES DONT LES EFFETS OPTIQUES SE RAPPORTENT A LA FOIS A LA CHAÎNE ET A LA TRAME.

42. Tous les effets optiques des étoffes comprises dans la deuxième division rentrent dans la théorie des effets des étoffes de la première; mais, dépendant de deux systèmes de fils, la chaîne et la trame, opposées rectangulairement l'une à l'autre, ils n'ont pas la simplicité des premiers, et leur complexité est d'autant plus sensible que la différence de la

chaîne d'avec la trame est plus grande, ainsi que je vais le démontrer.

I. EFFETS OPTIQUES DES ÉTOFFES DE LA IIe DIVISION, LORSQUE LE SPECTATEUR EST EN FACE DE LA LUMIÈRE.

43. Les étoffes de la première division ne montrent qu'un système visible, la chaîne ou la trame; les étoffes de la deuxième division montrent toujours la chaîne et la trame. Dès lors, comme un système de cylindres parallèles, aussi bien qu'un système de cylindres cannelés, réfléchissent spéculairement, pour un spectateur placé en face du jour, une quantité notable, quoique différente, de lumière, que l'axe de l'un ou de l'autre système soit compris dans le plan de la lumière incidente, ou qu'il y soit perpendiculaire, il en résulte nécessairement que les étoffes de la deuxième division, observées alors, présentent un double effet, résultant à la fois de leur chaîne et de leur trame, au lieu de l'effet simple que présentent, dans les mêmes circonstances 1 et 3, les étoffes de la première division. Mais le double effet que présentent les étoffes de la deuxième division pourra lui-même être plus ou moins compliqué, suivant que la chaîne et la trame différeront plus ou moins l'une de l'autre par leur apparence.

Afin de démontrer cette proposition, je supposerai, pour exemples, d'abord une étoffe dont la chaîne et la trame sont identiques, et ensuite une étoffe dont la chaîne et la trame sont différentes.

44. 1er *exemple. Étoffe à surface plane ou unie dont la chaîne et la trame sont identiques.*

A. La chaîne est comprise dans le plan de la lumière incidente.

L'effet total se compose :

1° De l'effet de la chaîne correspondant à celui de petits cylindres parallèles vus dans la première circonstance (3,4);

2° De l'effet de la trame correspondant à celui de petits cylindres parallèles vus dans la troisième circonstance (3,4).

B. La chaîne est perpendiculaire au plan de la lumière incidente.

L'effet total se compose :

1° De l'effet de la chaîne correspondant à celui de petits cylindres parallèles vus dans la troisième circonstance (3,4);

2° De l'effet de la trame correspondant à celui de petits cylindres parallèles vus dans la première circonstance (3,4).

Conclusion. Même effet en B qu'en A, sinon que les effets de la chaîne et de la trame sont respectivement inverses l'un de l'autre dans les deux cas.

45. 2e *exemple. Étoffe à surface unie ou à côtes, dont la chaîne et la trame ne sont pas identiques.*

A. La chaîne est comprise dans le plan de la lumière incidente.

L'effet total se compose :

1° De l'effet de la chaîne correspondant à celui de

petits cylindres parallèles vus dans la première circonstance (3, 4);

2° De l'effet de la trame correspondant à celui de petits cylindres parallèles vus dans la troisième circonstance (3, 4).

Mais, parce que la chaîne et la trame peuvent présenter des étendues superficielles différentes, et que la surface de l'étoffe peut être presque plane ou avoir des côtes plus ou moins sensibles, il faut avoir égard à ces circonstances : ainsi,

(*a*) Toutes choses égales d'ailleurs, l'effet de la chaîne ou de la trame est en rapport avec son étendue superficielle;

(*b*) Toutes choses égales d'ailleurs, l'effet de la chaîne est diminué si la trame passe dessus, comme dans le florence, et la diminution serait d'autant plus grande que la trame formerait des demi-anneaux plus prononcés, parce que ceux-ci masqueraient une partie de la chaîne par leur saillie;

(*c*) Toutes choses égales d'ailleurs, l'effet de la chaîne est augmenté si elle passe sur la trame, comme dans les taffetas; mais l'effet en est diminué par la saillie plus ou moins grande des demi-anneaux qu'elle forme, parce qu'alors le spectateur aperçoit ces demi-anneaux par leur face postérieure, qui n'est pas éclairée.

B. La chaîne est perpendiculaire au plan de la lumière incidente.

L'effet total se compose :

1° De l'effet de la chaîne correspondant à celui de petits cylindres parallèles vus dans la troisième circonstance (3, 4);

2° De l'effet de la trame correspondant à celui de petits cylindres parallèles vus dans la première circonstance (3, 4).

Mais, parce que la chaîne et la trame peuvent présenter des étendues superficielles différentes, et que la surface de l'étoffe peut être presque plane ou avoir des côtes plus ou moins sensibles, il faut avoir égard à ces circonstances : ainsi,

(*a'*) Toutes choses égales d'ailleurs, l'effet de la chaîne ou de la trame est en rapport avec son étendue superficielle ;

(*b'*) Toutes choses égales d'ailleurs, l'effet de la chaîne est augmenté relativement à l'effet *b*, si la trame passe sur la chaîne ; et si elle formait des demi-anneaux, la chaîne deviendrait plus apparente encore, parce qu'ils ne la masqueraient pas comme en *b* ;

(*c'*) Toutes choses égales d'ailleurs, l'effet de la chaîne passant sur la trame, en formant des demi-anneaux, est augmenté relativement à l'effet *c*, parce que les demi-anneaux masquent une portion de la trame et que la partie convexe la plus élevée envoie de la lumière spéculaire à l'observateur, à la manière d'un cylindre lisse.

On voit donc, en définitive, que, parce que la chaîne diffère de la trame, l'effet en B sera différent de l'effet en A. Cependant on conçoit la possibilité d'une compensation qui pourrait avoir lieu dans une étoffe à côtes, telle que certains taffetas, gros de Naples, etc., de manière à donner le même effet dans les deux cas.

II. EFFETS OPTIQUES DES ÉTOFFES DE LA IIe DIVISION, LORSQUE LE SPECTATEUR TOURNE LE DOS A LA LUMIÈRE.

46. Les effets sont bien moins complexes pour le cas où le spectateur voit les étoffes de la deuxième division, le dos tourné à la lumière, que pour le cas contraire; car un système de cylindres dont l'axe est dans le plan de la lumière incidente lui apparaît au *maximum d'ombre,* s'ils sont unis, et au *maximum de clarté,* s'ils sont cannelés perpendiculairement à leur axe, tandis que, lorsque l'axe du cylindre est perpendiculaire au plan de la lumière incidente, les cylindres unis présentent le *maximum de clarté*, et les cylindres cannelés le *maximum d'ombre.* L'un des systèmes apparaît donc toujours avec un maximum de clarté, tandis que l'autre tend à disparaître dans l'ombre. Dès lors, *l'effet prédominant de clarté proviendra du système dont l'axe est perpendiculaire au plan de la lumière incidente, que l'étoffe soit unie ou qu'elle soit à côtes.* Car, est-elle unie, le système dont l'axe est compris dans le plan de la lumière ne réfléchit pas spéculairement de lumière, comme le fait le système dont l'axe y est perpendiculaire. Est-elle à côtes, comme elle correspond toujours par ses effets aux cylindres cannelés, on voit que le système de fils qui forment les cannelures, et qui réfléchit la lumière, est précisément le système perpendiculaire au plan de la lumière, tandis que le système de fils dont les axes sont compris dans le plan ne la réfléchit pas.

Il est donc de toute évidence,

1° Que si *l'étoffe est unie et à chaîne identique avec la*

trame [cas examiné plus haut (44)], les effets optiques seront identiques, lorsque, les regardant le dos tourné à la lumière, la chaîne sera comprise dans le plan de la lumière ou sera perpendiculaire à ce plan : seulement, l'effet sera produit par la trame dans le premier cas, et par la chaîne dans le second.

2° Que si *l'étoffe est unie ou à côtes, et que la chaîne et la trame ne soient pas identiques,* les effets optiques seront toujours différents, suivant que la chaîne sera dans le plan de la lumière ou qu'elle sera perpendiculaire à ce même plan, pour un observateur qui les regardera le dos tourné à la lumière.

47. Je partage les étoffes comprises dans la deuxième division en trois sections :

1re *section.* La gaze, le crêpe lisse, le florence, la marceline, le taffetas, la louisine, le gros de Naples, le pou-de-soie, la turquoise.
2e *section.* Le sergé et la virginie.
3e *section.* Le filoché.

48. Je préviens, une fois pour toutes, que, dans la description que je vais faire des effets optiques, 1re position signifiera que la chaîne est dans le plan de la lumière, et que 2e position signifiera que la chaîne est perpendiculaire à ce plan.

1re SECTION.

49. On peut comprendre dans une même section *la gaze, le crêpe lisse, le florence, la marceline, le taffetas, la louisine, le gros de Naples, le pou-de-soie* et *la turquoise*, car tous ces tissus appartiennent à la même *armure*, à celle du *taffetas* proprement dit (16).

Les différences qu'ils présentent entre eux résultent

des différents rapports de la chaîne à la trame, savoir :

1° Les nombres respectifs des fils constituant l'une et l'autre ;

2° Le *tors* plus ou moins grand que l'on a fait subir aux fils de chacune d'elles ;

3° La relation de juxtaposition, c'est-à-dire si c'est la trame qui couvre la chaîne plus qu'elle n'est couverte par elle, comme cela existe pour le florence, la marceline, la louisine, la turquoise ; ou si c'est la chaîne qui passe sur la trame, comme cela existe dans le taffetas, le gros de Naples et le pou-de-soie ;

4° La relation de grosseur des fils de la chaîne aux fils de la trame, de sorte que, si elle approche de l'égalité, la surface du tissu paraît unie ou uniforme dans les deux sens rectangulaires de la chaîne à la trame, comme l'est celle de la gaze et du crêpe lisse, du florence, de la marceline, et même quelquefois celle du taffetas et de la louisine ; tandis que, dans le cas contraire, la surface du tissu présente des côtes très-fines dans le sens de la longueur pour la turquoise, et dans le sens transversal pour le pou-de-soie, le gros de Naples et le taffetas, en général.

Cette dernière relation fait voir comment les étoffes de cette section, quoique présentant à la vue les deux systèmes de fils qui les constituent, pourront, dans le cas de plus grande égalité des deux systèmes, produire des effets identiques ou à peu près, lorsque la chaîne et la trame seront observées tour à tour dans une même position, tandis que, dans le cas où il y aura une prédominance de grosseur d'un système sur l'autre, l'étoffe se comportera à la manière d'un système de cylindres cannelés perpendiculaires à leur axe et parallèles entre eux (8, 9).

En définitive, quelle que soit la diversité des étoffes de cette section, leur apparence générale est celle d'un damier dont les divisions sont plus ou moins apparentes.

I. *Toile de soie ou gaze.*

50. Elle est fabriquée avec de la soie écrue.

Chaque fil de chaîne, comme chaque fil de trame, est simple.

Voici comment on peut se représenter cette étoffe. Supposons que le *rasteau* ou *peigne* se compose de 1200 dents, entre lesquelles passent les fils de la chaîne lorsqu'elle est adaptée au métier du tisseur, il y aura un fil pour chaque dent. Or, comme la chaîne se compose de plusieurs portées, dont chacune est de 80 fils, il y aura 15 portées de chaîne. En effet, $15 \times 80 = 1200$ fils.

51. Les effets optiques de la gaze rentrent identiquement, ou presque identiquement, dans le cas général exposé plus haut (44 et 46).

II. *Crêpe lisse.*

52. Il est fabriqué avec une chaîne et une trame excessivement tordues, et c'est à cette excessive torsion qu'il faut attribuer l'aspect mat de ce tissu.

53. Les effets optiques du crêpe lisse rentrent identiquement, ou presque identiquement, dans le cas

général exposé plus haut (44 et 46); mais il faut observer que les deux systèmes de fils ayant été très-tordus, l'axe de chacun d'eux est légèrement ondulé.

III. *Florence.*

54. Chaque fil de la chaîne du florence est simple, et chaque fil de la trame l'est presque toujours. Le premier est tordu, et le second l'est à peine; et comme la trame est bien plus apparente que la chaîne, le florence est une étoffe assez brillante.

Pour un peigne de 1200 dents, il y a deux fils simples de la chaîne par dent, et conséquemment la chaîne comprend 30 portées de 80 fils chacune, ce qui donne 30 × 80 = 2400 fils simples de chaîne.

Le croisement des fils de la chaîne avec ceux de la trame a lieu de manière que chaque fil d'une série passe alternativement sur un fil et sous un autre fil de la série qui lui est opposée rectangulairement.

Le florence n'est guère employé que comme doublure.

55. *Effets optiques du florence.*

FLORENCE BLANC.

Première position.

Circonstance 1re de *b* en *a*, ombré un peu luisant, sensiblement moins clair que 3.
— 2e de *a* en *b*, blanc très-clair (maximum de clarté).

Deuxième position.

— 3e de *b* en *a*, blanc mat non ombré.
— 4e de *a* en *b*, très-ombré (maximum d'ombre).

FLORENCE NOIR.

Première position.

— 1re de *b* en *a*, noir plus foncé que 3, mais différence légère.
— 2e de *a* en *b*, gris noir (maximum de clarté).

Deuxième position.

Circonstance 3e de *b* en *a*, noir-gris-roux.
— 4e de *a* en *b*, noir plus foncé que 1 (maximum d'ombre).

FLORENCE GRIS.

Première position.

— 1re de *b* en *a*, gris plus foncé que 3, mais différence légère.
— 2e de *a* en *b*, gris très-clair (maximum de clarté).

Deuxième position.

— 3e de *b* en *a*, gris un peu moins foncé que 1.
— 4e de *a* en *b*, gris plus foncé que 1 (maximum d'ombre).

FLORENCE ROUGE.

Première position.

— 1re de *b* en *a*, rouge plus foncé, plus violet que 3.
— 2e de *a* en *b*, rouge vif (maximum de clarté).

Deuxième position.

— 3e de *b* en *a*, rouge moins violet, plus orangé que 1.
— 4e de *a* en *b*, rouge intense (maximum d'ombre).

FLORENCE ORANGÉ.

Première position.

— 1re de *b* en *a*, orangé moins vif, plus gris que 3.
— 2e de *a* en *b*, orangé vif (maximum de clarté).

Deuxième position.

— 3e de *b* en *a*, orangé brillant, plus rouge que 1.
— 4e de *a* en *b*, orangé brun (maximum d'ombre).

FLORENCE JAUNE.

Première position.

— 1re de *b* en *a*, jaune plus gris, plus verdâtre que 3.
— 2e de *a* en *b*, jaune brillant (maximum de clarté).

Deuxième position.

— 3e de *b* en *a*, jaune doré plus clair, plus pur, plus intense que 1.
— 4e de *a* en *b*, jaune ombré gris (maximum d'ombre).

FLORENCE VERT.

Première position.

— 1re de *b* en *a*, vert un peu plus gris que 3, mais différence légère.
— 2e de *a* en *b*, vert franc (maximum de clarté).

Deuxième position.

Circonstance 3e de *b* en *a*, vert un peu moins bleu peut-être que 1.
— 4e de *a* en *b*, vert bleu foncé (maximum d'ombre).

FLORENCE BLEU.

Première position.

— 1re de *b* en *a*, bleu un peu terne, peu différent par le ton de 3.
— 2e de *a* en *b*, bleu violeté franc, plus clair que 4, mais difficile de dire s'il est plus clair que 3.

Deuxième position.

— 3e de *b* en *a*, bleu plus beau, brillant, conséquemment moins terne que 1.
— 4e de *a* en *b*, bleu violet foncé (maximum d'ombre).

FLORENCE VIOLET.

Première position.

— 1re de *b* en *a*, violet plus pur ou moins gris que 3.
— 2e de *a* en *b*, violet rouge (maximum de clarté).

Deuxième position.

— 3e de *b* en *a*, violet plus clair que 1.
— 4e de *a* en *b*, violet bleu (maximum d'ombre).

CONCLUSION.

56. Dans la 1re et la 3e circonstance, les effets optiques sont produits à la fois par la chaîne et par la trame; mais, dans la 1re circonstance, l'effet de la chaîne est moindre que dans la 3e, parce que les anneaux formés par la trame cachent en grande partie la chaîne dans la 1re circonstance, tandis que dans la 3e ils la laissent à découvert, et c'est alors que l'étoffe apparaît en damier.

Dans la 2e circonstance, l'effet de la chaîne est presque insensible, parce que celui de la trame est au maximum, par la double raison que les cylindres de la chaîne sont vus dans la circonstance la moins favorable, tandis que le contraire a lieu pour la trame;

et, en second lieu, parce que celle-ci forme des anneaux qui masquent en partie la chaîne; et, dans la 4e, l'effet de la chaîne est au maximum, parce que les anneaux de la trame permettent d'apercevoir la chaîne, et que les cylindres de celle-ci se montrent dans la position où ils sont le plus visibles : malgré cela, l'effet de la trame est encore sensible.

Pour apprécier les effets relatifs de la chaîne et de la trame, il faut prendre un florence glacé.

57. En définitive, le florence se comporte à la manière du reps; mais les différences qu'on observe avec le florence placé dans les 2e, 3e et 4e circonstances, sont un peu moins prononcées que celles qu'on observe, avec le reps même, dans les 2e et 4e circonstances, où deux échantillons de florence présentent le maximum de différence l'un à l'égard de l'autre.

IV. *Marceline.*

58. Chaque fil de la chaîne de la marceline est double, et chaque fil de la trame l'est aussi généralement. Je dis généralement, parce qu'il y a des cas où on l'emploie triple. Dans la marceline, comme dans le florence, la trame apparaît plus que la chaîne; mais celle-ci étant double, elle a plus d'influence sur les effets optiques que n'en a la chaîne simple du florence.

Pour un peigne de 1200 dents, il y a deux fils doubles par dent; conséquemment il faut 30 portées doubles de chaîne, ce qui équivaut à $30 \times 2 \times 80 = 4800$ fils simples de chaîne.

Effets optiques de la marceline.

59. Les effets optiques de la marceline étant absolument les mêmes que ceux du florence, sauf la légère différence apportée par la chaîne, qui est double dans la première et simple dans le second, il serait superflu de les décrire.

V. *Louisine.*

60. La louisine ressemble à la marceline, sauf que la chaîne et la trame occupent chacune une étendue assez grande pour que l'étoffe ait l'apparence d'un damier à la vue simple.

61. Les effets optiques de la louisine sont extrêmement faciles à déduire de sa contexture et de l'étendue superficielle des différentes portions de chaîne et de trame; la trame domine et passe sur la chaîne.

Les effets sont les suivants pour une louisine à chaîne noire et à trame blanche.

Première position.

Circonstance 1re de *b* en *a*, *damier clair*, parce que la trame passe sur la chaîne et qu'elle affecte une surface convexe, à peine striée dans le sens transversal, à la manière des côtes du velours frisé.

— 2e de *a* en *b*, *effet du damier plus prononcé qu'en* 1, parce que la trame apparaît avec son maximum de brillant, et la chaîne avec son maximum d'ombre.

Deuxième position.

— 3e de *b* en *a*, *damier un peu moins clair qu'en* 1, parce que la chaîne noire apparaît moins couverte par la trame, et qu'en second lieu, la trame apparaît dans cette position sous la forme de demi-anneaux, dont la face postérieure est tournée vers le spectateur.

— 4e de *a* en *b*, *damier au maximum d'ombre*, parce que la chaîne noire ne réfléchit pas de lumière, et que la trame agit plutôt comme un ensemble de cylindres parallèles déliés, dont l'axe est compris dans le plan de la lumière, que comme un demi-anneau dont la face antérieure réfléchirait de la lumière au spectateur.

Les effets sont les suivants pour une louisine à chaîne noire et à trame orangée.

Première position.

Circonstance 1re de *b* en *a*, damier clair.
— 2e de *a* en *b*, damier orangé clair, plus pur, plus brillant que 1 (maximum de brillant).

Deuxième position.

— 3e de *b* en *a*, damier un peu moins clair que 1.
— 4e de *a* en *b*, damier noir (maximum d'ombre).

Les effets sont les suivants pour une louisine à chaîne blanche et à trame lilas.

Première position.

Circonstance 1re de *b* en *a*, damier clair lilas.
— 2e de *a* en *b*, damier foncé, le lilas domine (maximum d'ombre).

Deuxième position.

— 3e de *b* en *a*, damier moins clair que 1.
— 4e de *a* en *b*, damier très-clair, le blanc domine (maximum d'éclat).

Pou-de-soie, gros de Naples, taffetas.

62. Le pou-de-soie, le gros de Naples et le taffetas, ayant la plus grande analogie dans leur structure, et les caractères de ces tissus étant plus prononcés dans le pou-de-soie que dans les deux autres, c'est par l'examen de ses effets optiques que je commencerai l'étude de trois étoffes, qui se ressemblent en ce que la chaîne passe sur la trame, tandis que, dans le florence, la marceline et la louisine, c'est au contraire la trame qui passe sur la chaîne.

VI. *Pou-de-soie.*

63. Chaque fil de la chaîne est triple, et chaque fil de la trame est assez gros pour former des côtes transversales prononcées, que la chaîne recouvre en partie; par suite de cette disposition des deux systèmes de fils, la chaîne a plus d'influence dans les effets optiques que n'en a la trame.

64. *Effets optiques du pou-de-soie.*

POU-DE-SOIE BLANC.

Première position.

Circonstance 1re de *b* en *a*, légèrement ombré.
— 2e de *a* en *b*, plus ombré que 1 (maximum d'ombre).

Deuxième position.

— 3e de *b* en *a*, plus ombré que 1.
— 4e de *a* en *b*, plus clair que 1 (maximum de clarté).

POU-DE-SOIE NOIR.

Première position.

— 1re de *b* en *a*, noir gris.
— 2e de *a* en *b*, noir intense (maximum d'ombre).

Deuxième position.

— 3e de *b* en *a*, noir conséquemment plus foncé que 1.
— 4e de *a* en *b*, noir gris (maximum de clarté peut-être).

POU-DE-SOIE GRIS.

Première position.

— 1re de *b* en *a*, gris.
— 2e de *a* en *b*, gris très-foncé (maximum d'ombre).

Deuxième position.

— 3e de *b* en *a*, gris plus foncé que 1.
— 4e de *a* en *b*, gris très-clair (maximum de clarté).

POU-DE-SOIE ROUGE.

Première position.

Circonstance 1re de *b* en *a*, rouge clair.

— de *a* en *b*, rouge intense (maximum d'ombre).

Deuxième position.

— 3e de *b* en *a*, rouge plus amarante, plus foncé que 1.

— 4e de *a* en *b*, rouge plus clair que 1 (maximum de clarté).

POU-DE-SOIE ORANGÉ.

Première position.

— 1re de *b* en *a*, orangé clair.

— 2e de *a* en *b*, orangé brun (maximum d'ombre).

Deuxième position.

— 3e de *b* en *a*, orangé gris plus foncé que 1.

— 4e de *a* en *b*, orangé clair brillant (maximum de clarté).

POU-DE-SOIE JAUNE.

Première position.

— 1re de *b* en *a*, jaune.

— 2e de *a* en *b*, jaune ombré verdâtre (maximum d'ombre).

Deuxième position.

— 3e de *b* en *a*, jaune moins brillant, un peu plus grisâtre que 1, différence légère.

— 4e de *a* en *b*, jaune clair brillant (maximum de clarté).

POU-DE-SOIE VERT.

Première position.

— 1re de *b* en *a*, vert.

— 2e de *a* en *b*, vert foncé intense (maximum d'ombre).

Deuxième position.

— 3e de *b* en *a*, vert plus intense, moins jaune que 1, différence légère.

— 4e de *a* en *b*, vert plus clair que 1 (maximum de clarté).

POU-DE-SOIE BLEU.

Première position.

— 1re de *b* en *a*, bleu violet.

— 2e de *a* en *b*, bleu violet foncé (maximum d'ombre).

Deuxième position.

— 3e de *b* en *a*, bleu plus foncé, moins pur que 1.

— 3e de *a* en *b*, bleu clair franc (maximum de clarté).

POU-DE-SOIE VIOLET FONCÉ.

Première position.

Circonstance 1re de *b* en *a*, violet clair plus rouge que 3.
— 2e de *a* en *b*, violet foncé (maximum d'ombre).

Deuxième position.

— 3e de *b* en *a*, violet plus foncé, plus pur que 1.
— 4e de *a* en *b*, violet clair pur (maximum de clarté).

CONCLUSIONS.

65. Tous les échantillons du pou-de-soie que j'ai examinés se comportent incontestablement de la même manière.

(*a*) *Regardés en face du jour*, ils sont un peu plus lumineux dans la 1re circonstance que dans la 3e, par la raison que les demi-anneaux, étant formés par la chaîne, ont leur plan dans celui de la lumière incidente; dès lors l'œil apercevant la trame au fond des sillons transversaux, il n'y a d'ombré que la face postérieure des demi-anneaux, tandis que dans la 3e circonstance, où le plan des demi-anneaux est perpendiculaire au plan de la lumière, leur face postérieure projette plus d'ombre que précédemment, et qu'en outre, les sillons longitudinaux qui séparent les côtes formées par la trame ne renvoient pas la lumière au spectateur. Ajoutons que la soie de de chaîne est moins brillante que celle de la trame.

(*b*) *Regardés le dos tourné à la lumière*, ils présentent le *maximum d'ombre* dans la 2e circonstance, et le *maximum de clarté* dans la 4e. En effet, la chaîne dominant sur la trame dans la 2e circonstance, les demi-anneaux de la chaîne, ayant leur plan dans celui de la lumière, se comportent à la manière des cylindres lisses. Ils ne doivent donc pas paraître lumineux, et à cause de leur prédominance sur la trame, qui est dans une condition favorable à réfléchir de la lumière, l'étoffe paraît moins claire que dans la 4e circonstance, où les demi-anneaux de la chaîne, étant perpendiculaires au plan de la lumière, sont dans la condition la plus favorable pour la réfléchir au spectateur.

En définitive, malgré les côtes du pou-de-soie, cette étoffe présente les mêmes phénomènes que le satin.

VII. *Gros de Naples.*

66. Le gros de Naples diffère du pou-de-soie par sa chaîne, qui est double au lieu d'être triple. Si la trame n'est pas aussi grosse que celle du pou-de-soie, elle l'est cependant suffisamment pour que le grain du tissu soit bien apparent. Dès lors, les effets optiques doivent être analogues à ceux du tissu précédent, quoique moins prononcés.

67. *Effets optiques du gros de Naples.*

GROS DE NAPLES BLANC.

Première position.

Circonstance 1re de *b* en *a*, légèrement ombré.
— 2e de *a* en *b*, un peu plus ombré que 1 (maximum d'ombre).

Deuxième position.

— 3e de *b* en *a*, légèrement ombré, cependant moins clair que 1.
— 4e de *a* en *b*, plus clair que 3 (maximum de clarté).

GROS DE NAPLES NOIR.

Première position.

— 1re de *b* en *a*, noir légèrement roux.
— 2e de *a* en *b*, noir (maximum d'ombre).

Deuxième position.

Circonstance 3e de *b* en *a*, noir moins roux ou plus bleuâtre, plus foncé que 1 sensiblement.

— 4e de *a* en *b*, noir un peu moins foncé que 2, mais plus que 1.

GROS DE NAPLES GRIS.

Première position.

— 1re de *b* en *a*, gris.

— 2e de *a* en *b*, gris foncé (maximum d'ombre).

Deuxième position.

— 3e de *b* en *a*, gris un peu plus foncé que 1.

— 4e de *a* en *b*, gris blanc (maximum de clarté).

GROS DE NAPLES ROUGE.

Première position.

— 1re de *b* en *a*, rouge légèrement orangé.

— 2e de *a* en *b*, rouge intense (maximum d'ombre).

Deuxième position.

— 3e de *b* en *a*, rouge un peu plus amarante que 1.

— 4e de *a* en *b*, rouge un peu plus clair que 2 (maximum de clarté).

GROS DE NAPLES ORANGÉ.

Première position.

— 1re de *b* en *a*, orangé.

— 2e de *a* en *b*, orangé foncé plus que 4.

Deuxième position.

— 3e de *b* en *a*, orangé plus gris que 1 sensiblement.

— 4e de *a* en *b*, orangé moins foncé que 4.

GROS DE NAPLES JAUNE.

Première position.

— 1re de *b* en *a*, jaune.

— 2e de *a* en *b*, jaune plus ombré (maximum d'ombre).

Deuxième position.

— 3e de *b* en *a*, jaune plus foncé que 1 sensiblement.

— 4e de *a* en *b*, jaune clair (maximum de clarté).

GROS DE NAPLES VERT.

Première position.

— 1re de *b* en *a*, vert.

— 2e de *a* en *b*, vert foncé intense (maximum d'ombre).

Deuxième position.

Circonstance 3e de *b* en *a*, vert plus intense, moins jaune que 1 sensiblement.
— 4e de *a* en *b*, vert clair (maximum de clarté).

GROS DE NAPLES BLEU.

Première position.

— 1re de *b* en *a*, bleu violet.
— 2e de *a* en *b*, bleu violet foncé (maximum d'ombre).

Deuxième position.

— 3e de *b* en *a*, bleu plus foncé que 1 sensiblement.
— 4e de *a* en *b*, bleu clair franc (maximum de clarté).

GROS DE NAPLES VIOLET.

Première position.

— 1re de *b* en *a*, violet rougeâtre.
— 2e de *a* en *b*, violet foncé (maximum d'ombre).

Deuxième position.

— 3e de *b* en *a*, violet un peu moins clair que 1, mais différence très-légère, surtout si le jour n'est pas clair.
— 4e de *a* en *b*, violet clair (maximum de clarté).

CONCLUSIONS.

68. Les effets optiques du gros de Naples sont les mêmes, quoique moins prononcés, que les effets du pou-de-soie.

(*a*) *Regardés en face du jour*, les échantillons d'une même pièce sont moins ombrés dans la 1re circonstance que dans la 3e, mais la différence est moins prononcée que pour le pou-de-soie.

(*b*) *Regardés le dos tourné au jour*, le *maximum d'ombre* a lieu dans la 2e circonstance, et le *maximum de clarté* dans la 4e; la différence des effets entre les deux échantillons est plus prononcée que celle qu'ils présentent au spectateur faisant face au jour.

VIII. *Taffetas.*

69. Chaque fil de la chaîne du taffetas est simple ou quelquefois double, et chaque fil de la trame est double ou triple.

Pour un peigne de 1200 dents, il y a quatre fils simples ou quatre fils doubles par dent; il faut donc dans le premier cas 60 portées simples, ce qui donne 60 × 80 = 4800 fils simples de chaîne, et dans le second cas, 60 portées doubles qui équivalent à 60 × 2 × 80 = 9600 fils simples de chaîne.

Il est évident, d'après cela, que le taffetas ne présente point autant d'effets de chaîne, relativement à sa trame, que le gros de Naples, et à plus forte raison que le pou-de-soie; d'une autre part, sa trame n'étant point aussi fournie que celle de ces dernières étoffes, il ne peut comme elles avoir des côtes plus ou moins prononcées. Or, puisque la chaîne domine sur la trame dans le taffetas, le gros de Naples et le pou-de-soie, tandis que la trame est prédominante dans le florence et la marceline, on voit, d'après ce qui précède, que le taffetas doit se placer d'un côté entre ces derniers tissus, et de l'autre le gros de Naples et le pou-de-soie, quoique plus près de ces derniers, puisque la chaîne passe sur la trame (62).

70. *Effets optiques du taffetas.*

TAFFETAS BLANC.

Première position.

Circonstance 1re de *b* en *a*, très-légèrement ombré.
— 2e de *a* en *b*, un peu plus ombré que 1 (maximum d'ombre).

Deuxième position.

— 3e de *b* en *a*, légèrement ombré et plus que 1.
— 4e de *a* en *b*, plus clair que 2 (maximum de clarté).

TAFFETAS NOIR.

Première position.

— 1re de *b* en *a*, noir.
— 2e de *a* en *b* (maximum d'ombre).

Deuxième position.

— 3e de *b* en *a*, noir plus ombré que 1, mais différence très-légère.
— 4e de *a* en *b*, gris noir (maximum de clarté).

TAFFETAS GRIS.

Première position.

— 1re de *b* en *a*, gris.
— 2e de *a* en *b*, gris foncé (maximum d'ombre).

Deuxième position.

— 3e de *b* en *a*, gris un peu plus foncé que 1, mais différence légère.
— 4e de *a* en *b*, gris clair (maximum de clarté).

TAFFETAS ROUGE.

Première position.

— 1re de *b* en *a*, rouge légèrement orangé relativement à 3.
— 2e de *a* en *b*, rouge plus amarante que 4.

Deuxième position.

— 3e de *b* en *a*, rouge moins orangé ou plus violet que 1, plus intense; plus ombré, mais différence très-légère.
— 4e de *a* en *b*, rouge un peu plus clair et plus orangé que 2.

TAFFETAS ORANGÉ.

Première position.

— 1re de *b* en *a*, orangé plus clair que 3, moins intense, moins pur.
— 2e de *a* en *b*, orangé brillant.

Deuxième position.

— 3e de *b* en *a*, orangé pur plus intense, plus foncé que 1.
— 4e de *a* en *b*, orangé, plus foncé que 2 peut-être.

TAFFETAS JAUNE.

Première position.

Circonstance 1re de *b* en *a*, jaune brillant.
— 2e de *a* en *b*, jaune ombré (maximum d'ombre).

Deuxième position.

— 3e de *b* en *a*, jaune verdâtre, plus foncé que 1 (*).
— 4e de *a* en *b*, jaune clair (maximum de clarté).

TAFFETAS VERT.

Première position.

— 1re de *b* en *a*, vert.
— 2e de *a* en *b*, vert.

Deuxième position.

— 3e de *b* en *a*, vert, moins jaune, moins intense, moins clair que 1 peut-être.
— 4e de *a* en *b*, vert peut-être plus clair que 2.

TAFFETAS BLEU.

Première position.

— 1re de *b* en *a*, bleu.
— 2e de *a* en *b*, bleu violet foncé (maximum d'ombre).

Deuxième position.

— 3e de *b* en *a*, bleu, moins clair, plus gris que 1.
— 4e de *a* en *b*, bleu franc clair (maximum de clarté).

TAFFETAS VIOLET.

Première position.

— 1re de *b* en *a*, violet franc.
— 2e de *a* en *b*, violet foncé (maximum d'ombre).

Deuxième position.

— 3e de *b* en *a*, violet peu différent de 1.
— 4e de *a* en *b*, violet franc, clair (maximum de clarté).

CONCLUSIONS.

71. La plupart des échantillons de taffetas que j'ai examinés ont présenté, conformément à ce qui précède,

(*) La différence est moindre pour des jaunes orangés.

des effets analogues à ceux du gros de Naples. Ainsi,

(*a*) *Regardés en face du jour*, les échantillons d'une même pièce sont moins ombrés dans la 1re circonstance que dans la 3e; mais la différence est encore généralement moins prononcée que pour le gros de Naples.

(*b*) *Regardés le dos tourné au jour*, le *maximum d'ombre* a lieu dans la 2e circonstance et le *maximum de clarté* dans la 4e. La différence des effets entre les deux échantillons est plus prononcée en général que celle qu'ils présentent au spectateur faisant face au jour; mais cette différence est moins prononcée que celle qu'on observe entre deux échantillons d'une même pièce de gros de Naples.

J'ai dit que la *plupart* des échantillons de taffetas et non *tous* présentent les résultats dont je viens de parler, parce que, conformément à la remarque exposée plus haut (69), des effets de la prédominance de la chaîne sur la trame, qui vont en diminuant du pou-de-soie au gros de Naples, et de celui-ci au taffetas, il s'ensuit que la différence entre deux morceaux d'une même pièce dans la 1re et la 3e circonstance, et quoique plus rarement dans la 2e et la 4e, pourra devenir nulle, et même se manifester en sens contraire du cas normal, ou, en d'autres termes, les effets, au lieu de se rapporter au pou-de-soie, seront analogues à ceux du florence ou de la marceline, dans lesquels les effets dépendent de la prédominance de la trame sur la chaîne. En effet,

(*a*) *Supposons le spectateur en face du jour*, l'échantillon du pou-de-soie vu dans la 3e circonstance paraissant moins éclairé qu'un échantillon vu dans la 1re, à cause : 1° de l'ombre des sillons longitudinaux; 2° des demi-anneaux de la chaîne qui cachent en grande partie la trame; 3° du tors de la chaîne qui la rend moins brillante que la trame, il en résulte que dans le taffetas, dont les sillons sont moins profonds et la chaîne moins abondante relativement à la trame, la différence de deux échantillons vus dans la 1re et la 3e circonstance doit être moindre que celle qu'on remarque entre deux échantillons de pou-de-soie.

(*b*) *Supposons le spectateur le dos tourné au jour;* si l'effet de la chaîne est plus brillant en 4 qu'en 2 pour le pou-de-soie, la direction de la trame en 2 étant favorable à son brillant, on voit que cet effet tend à atténuer la différence qu'on observerait entre deux morceaux d'une étoffe dont la chaîne et la trame seraient identiques; conséquemment l'effet de la prédominance de la chaîne sur la trame étant moindre dans un taffetas que dans le pou-de-soie, on conçoit comment les deux effets tendent à se confondre dans le taffetas par suite de la diminution de l'effet de la chaîne.

Les taffetas que j'ai observés comme des exceptions au cas général étaient :

1° Des échantillons de couleur orangée et de couleur jaune-orangé. Lorsqu'on observait dans la 1re et la 2e position deux échantillons d'une même pièce de quelques-uns des taffetas dont je parle, à peine différaient-ils l'un de l'autre. Enfin, j'ai eu deux taffetas qui se comportaient presque comme le florence.

2° Des échantillons de couleur verte et de couleur

violette. Ceux que j'ai observés étaient presque identiques dans la 1re et la 2e position.

IX. *Turquoise.*

72. La turquoise présente le cas inverse du pou-de-soie dans le rapport de grosseur de la chaîne à la trame. Ainsi, la chaîne en est très-grosse et la trame fine, de manière que le tissu présente des côtes longitudinales formées par la chaîne et des anneaux transversaux formés par la trame, anneaux qui ne sont point contigus les uns aux autres comme dans le reps. Dans le pou-de-soie, la trame, étant plus grosse que la chaîne, fait que les côtes du tissu sont transversales, comme nous venons de le voir.

73. Les *effets optiques de la turquoise* sont inverses de ceux du pou-de-soie, puisque les effets de la trame prédominent, celle-ci passant sur la chaîne pour former des demi-anneaux.

IIe SECTION.

I. *Sergé.*

74. Le sergé diffère de toutes les étoffes à côtes dont j'ai parlé jusqu'ici, en ce que les côtes, au lieu d'être parallèles, soit au sens longitudinal, soit au sens transversal de l'étoffe, sont obliques à ces directions.

Lorsque la chaîne couvre la trame, le *sergé* est dit *par la chaîne;* dans le cas contraire, le *sergé* est dit *par la trame.*

Pour un peigne de 1200 dents, il y a quatre fils par dent; il faut donc 60 portées de chaîne. On a en effet $60 \times 80 = 4800$ fils de chaîne. Ces fils sont doubles pour un *sergé par la chaîne*, et simples pour un *sergé par la trame;* conséquemment, dans le premier cas, il y a 9600 fils simples de chaîne, et dans le second, 4800 de ces mêmes fils.

Dans un *sergé par la chaîne*, chaque fil de celle-ci passe un certain nombre de fois sur la trame, puis il passe dessous, afin d'opérer *le liage*. C'est à cet endroit que se trouve le creux du sillon oblique dans lequel la trame apparaît. L'inverse a lieu dans le *sergé par la trame*.

Le sergé a donc cette analogie avec le satin que les fils apparaissent sous forme de petits cylindres parallèles; mais il en diffère en ce que les *points de liage*, au lieu d'être dissimulés, comme je l'ai dit (21), se trouvent sur des lignes obliques qui, prises deux à deux, sont les limites d'une côte.

Comme exemples de sergés, je prendrai la *levantine* et la *virginie*.

Levantine.

75. La levantine est un *sergé par la chaîne* dont chaque fil passe trois fois sur la trame; la quatrième fois il passe dessous, pour effectuer le *liage*. De la fréquence du liage, il résulte que les côtes du tissu sont très-arrondies.

76. Les *effets optiques de la levantine* sont analogues à ceux du satin; mais l'effet de la trame, qui, quoique petit, se trouve augmenté de celui des rayures, rend les différences qu'on observe entre deux morceaux d'une même pièce de levantine très-sensiblement moindres, toutes choses égales d'ailleurs, que

celles qu'on observe entre deux morceaux d'une même pièce de satin.

Première position.

Circonstance 1re de *b* en *a*, l'étoffe est éclairée. Effet de la chaîne bien plus grand que celui de la trame.

— 2e de *a* en *b*, elle est au maximum d'ombre. Effet de la trame au maximum.

Deuxième position.

— 3e de *b* en *a*, elle est éclairée moins qu'en 1. Sillons plus ombrés. Effet de la trame plus grand qu'en 1 peut-être.

— 4e de *a* en *b*, elle est au maximum de brillant. Effet de la trame au minimum.

LEVANTINE BLANCHE.

Première position.

— 1re de *b* en *a*, plus éclairée qu'en 3.
— 2e de *a* en *b*, maximum d'ombre.

Deuxième position.

— 3e de *b* en *a*, ombrée.
— 4e de *a* en *b*, maximum de clarté.

LEVANTINE NOIRE.

Première position.

— 1re de *b* en *a*, noir gris.
— 2e de *a* en *b*, noir intense (maximum d'ombre).

Deuxième position.

— 3e de *b* en *a*, noir.
— 4e de *a* en *b*, noir gris.

LEVANTINE GRISE.

Première position.

— 1re de *b* en *a*, gris clair.
— 2e de *a* en *b*, gris très-foncé (maximum d'ombre).

Deuxième position.

— 3e de *b* en *a*, gris plus foncé qu'en 1.
— 4e de *a* en *b*, gris très-clair (maximum de brillant).

LEVANTINE ROUGE.

Première position.

— 1re de *b* en *a*, rouge orangé.
— 2e de *a* en *b*, rouge brun (maximum d'ombre).

Deuxième position.

Circonstance 3e de *b* en *a*, rouge sensiblement amarante et plus foncé qu'en 1.
— 4e de *a* en *b*, rouge clair (maximum de clarté).

LEVANTINE ORANGÉE.

Première position.

— 1re de *b* en *a*, orangé brillant.
— 2e de *a* en *b*, orangé brun (maximum d'ombre).

Deuxième position.

— 3e de *b* en *a*, orangé sensiblement moins brillant que 1.
— 4e de *a* en *b*, orangé très-brillant (maximum de clarté).

LEVANTINE JAUNE.

Première position.

— 1re de *b* en *a*, jaune.
— 2e de *a* en *b*, jaune foncé (maximum d'ombre).

Deuxième position.

— 3e de *b* en *a*, jaune plus foncé et légèrement verdâtre.
— 4e de *a* en *b*, jaune clair (maximum de clarté).

LEVANTINE VERTE.

Première position.

— 1re de *b* en *a*, vert.
— 2e de *a* en *b*, vert foncé (maximum d'ombre).

Deuxième position.

— 3e de *b* en *a*, vert plus foncé, plus bleuâtre que 1.
— 4e de *a* en *b*, vert clair (maximum de clarté).

LEVANTINE BLEUE.

Première position.

— 1re de *b* en *a*, bleu clair.
— 2e de *a* en *b*, bleu foncé (maximum d'ombre).

Deuxième position.

— 3e de *b* en *a*, bleu moins brillant, plus foncé, plus ardoisé que 1.
— 4e de *a* en *b*, bleu très-clair (maximum de clarté).

LEVANTINE VIOLETTE.

Première position.

— 1re de *b* en *a*, violet.
— 2e de *a* en *b*, violet foncé (maximum d'ombre).

Deuxième position.

— 3e de *b* en *a*, violet plus foncé, moins rougeâtre que 1.
— 4e de *a* en *b*, violet clair (maximum de clarté).

11. *Virginie*

77. La virginie est un *sergé par la chaîne*, qui se distingue de la levantine en ce que les côtes ont à peu près le double de largeur des côtes de cette dernière. Chaque fil de la chaîne passe sept fois sur la trame; la huitième fois, elle passe dessous, pour opérer le *liage*. La grande largeur des côtes de la virginie en rend la surface presque plane, et les fait différer par là des côtes de la levantine, qui sont cylindroïdes.

78. Les *effets optiques de la virginie* sont les mêmes que ceux de la levantine, sauf que les côtes de la première sont presque plates.

IIIᵉ SECTION.

Filoché.

79. Le filoché tire son nom de la succession continue de ses losanges, dont la disposition est celle des mailles d'un filet à poisson que l'on appelle *filoche*.

Le plus ordinairement la trame remplit l'intérieur des losanges, et la chaîne apparaît dans les sillons obliques qui les séparent. On peut donc se représenter le *filoché* comme un sergé dont les sillons obliques, parallèles et équidistants, sont coupés par d'autres sillons parallèles, ayant en sens contraire des premiers la même inclinaison, et laissant entre eux la même distance.

80. Les *effets optiques du filoché* sont ceux du *satin par la trame*, lorsque celle-ci constitue les lo-

sauges qui sont séparés par des lignes appartenant à la chaîne.

Première position.

Circonstance 1re de *b* en *a*; dans cette position la chaîne, quoique peu apparente, modifie sensiblement l'effet de la trame.

— 2e de *a* en *b*, l'effet de la chaîne est au mininum et celui de la trame au maximum.

Deuxième position.

— 3e de *b* en *a*, l'effet de la trame est bien plus grand que celui de la chaîne.

— 4e de *a* en *b*, l'effet de la chaîne est au maximum et celui de la trame au minimum.

Je vais citer quelques exemples :

1er EXEMPLE. — FILOCHE A CHAÎNE ET A TRAME BLANCHES.

Première position.

— 1re de *b* en *a*, étoffe ombrée.
— 2e de *a* en *b*, étoffe très-brillante (maximum de clarté).

Deuxième position.

— 3e de *b* en *a*, étoffe brillante.
— 4e de *a* en *b*, étoffe très-ombrée (maximum d'ombre).

2e EXEMPLE. — FILOCHE A CHAINE BLANCHE ET A TRAME ROUGE.

Première position.

— 1re de *b* en *a*, rouge violet à raies blanches.
— 2e de *a* en *b*, rouge vif franc (maximum de clarté).

Deuxième position.

— 3e de *b* en *a*, rouge clair orangé à raies blanches.
— 4e de *a* en *b*, rouge violet-brun, raies blanches (maximum d'ombre).

3e EXEMPLE. — FILOCHE A CHAINE BLANCHE ET A TRAME VIOLETTE.

Première position.

— 1re de *b* en *a*, violet ombré.
— 2e de *a* en *b*, violet clair (maximum de clarté).

Deuxième position.

— 3e de *b* en *a*, violet clair, plus rougeâtre que 1.
— 4e de *a* en *b*, violet très-ombré (maximum d'ombre).

4e EXEMPLE. — FILOCHE A CHAÎNE ROUGE ET A TRAME BLANCHE.

Première position.

Circonstance 1re de *b* en *a*, blanc ombré, raies rougeâtres.
— 2e de *a* en *b*, blanc très-brillant (maximum de clarté).

Deuxième position.

— 3e de *b* en *a*, blanc brillant, raies rouges foncées.
— 4e de *a* en *b*, blanc ombré rougeâtre (maximum d'ombre).

DEUXIÈME POINT DE VUE.

Étude au 2e point de vue.

Des étoffes unies dont la chaîne et la trame étant toutes les deux visibles sont de couleurs différentes; on les dit *glacées*.

DES ÉTOFFES GLACÉES.

Généralités.

81. On appelle *glacés* des étoffes dont la chaîne et la trame sont apparentes et de couleurs différentes. Évidemment, le florence, la marceline, la louisine, le gros de Naples, le pou-de-soie, le taffetas et la turquoise, en un mot, les tissus compris dans la première section des étoffes dont la chaîne et la trame sont apparentes, la gaze et le crêpe lisse exceptés, donneront des *étoffes glacées,* si on les fabrique avec une chaîne dont la couleur différera de celle de la trame. En outre, la comparaison que j'ai faite (49) de la disposition des portions visibles de la chaîne et de la trame de ces étoffes avec un damier ou un échiquier, lorsqu'elles sont monochromes, est encore évidemment plus exacte dans le cas d'un même tissu composé de deux séries de fils différemment colorées.

82. La théorie précédente de la réflexion de la lumière par un système de cylindres parallèles, soit

unis, soit cannelés, explique d'une manière aussi simple qu'évidente les effets du glacé.

83. Je prendrai pour exemple un gros de Naples dont la chaîne est bleue et la trame rouge ; j'examinerai d'abord les effets observés dans la 1re et la 3e circonstance, lorsque le spectateur est en face de la lumière, puis les effets observés dans la 2e et la 4e circonstance, lorsque le spectateur tourne le dos à la lumière. Le plan de la lumière comprend l'axe de la chaîne dans la 1re et la 2e circonstance, et il y est perpendiculaire dans la 3e et la 4e.

A. *Le spectateur est en face de la lumière.*

(*a*) 1re *circonstance, fig.* 5. La chaîne et la trame apparaissant à la fois, l'étoffe est vue violette ; mais, par la raison que l'œil n'aperçoit que la face postérieure ombrée des demi-anneaux formés par la chaîne bleue, et que le fond des sillons transversaux occupés par la trame rouge apparaît à découvert et éclairé, le violet est rouge relativement au violet de l'étoffe vue dans la 3e circonstance, *fig.* 6.

(*b*) 3e *circonstance, fig.* 6. L'étoffe présentant des côtes dont l'axe est compris dans le plan de la lumière, et ces côtes présentant à leur tour des demi-anneaux bleus saillants formés par la chaîne qui passe sur la trame, il en résulte que le fond des sillons transversaux est à peine visible et que l'étoffe apparaît dans cette position d'un bleu violet très-différent de la couleur qu'elle montre dans la 1re circonstance; elle est notablement moins brillante, parce que la trame est moins apparente que dans la 1re circonstance, et l'on sait que celle-ci, toutes choses égales d'ailleurs, est plus brillante que la chaîne (16).

B. *Le spectateur tourne le dos à la lumière.*

(*c*) 2e *circonstance, fig.* 5. Dans cette circonstance, *l'effet de la chaîne est au minimum, et celui de la trame au maximum*; c'est donc alors que l'étoffe paraît *le plus rouge*. En effet, l'œil, pénétrant dans les sillons transversaux, aperçoit la trame rouge dans tout son éclat, tandis que les demi-anneaux, vus dans leur largeur, ne renvoient que peu de lumière bleue, parce qu'ils apparaissent à la manière des cylindres parallèles vus dans la 2e circonstance.

(*d*) 4e *circonstance, fig.* 6. Dans cette circonstance, *l'effet de la chaîne est au maximum, et celui de la trame au minimum*; c'est donc alors que l'étoffe paraît *le plus bleue*. En effet, les demi-anneaux formés par la chaîne se montrant dans la circonstance la plus favorable à la réflexion de la lumière (c'est-à-dire la 2e circonstance des cylindres cannelés perpendiculairement à leur axe); ils renvoient beaucoup de lumière bleue, en même temps que, par leur saillie, ils cachent le fond des sillons transversaux, c'est-à-dire la trame; et la couleur bleue est moins mêlée de rouge que le rouge de l'étoffe vue dans la 2e circonstance n'est mêlé de bleu.

C'est surtout dans la comparaison de l'étoffe vue dans la 4e circonstance avec l'étoffe vue dans la 3e circonstance qu'il est aisé de se convaincre de l'influence exercée par la trame sur le brillant de l'étoffe; car, dans la 2e, où elle apparaît au maximum, l'étoffe est brillante, tandis que dans la 4e, où la chaîne apparaît au maximum, l'étoffe est mate.

84. CONCLUSION.

1° De *b* en *a*, dans les deux positions de l'étoffe, on voit celle-ci de la couleur violette, résultant du mélange de la couleur de la chaîne avec celle de la trame (14).

Dans la 1re circonstance, où l'effet de la trame domine sur celui de la chaîne, le violet est plus rouge et plus brillant que dans la 3e circonstance, où l'effet de la chaîne domine au contraire sur celui de la trame.

2° De *a* en *b*, l'effet d'un des systèmes de fils sur l'effet de l'autre est tellement prédominant que l'étoffe vue dans la 2e circonstance ne paraît montrer que la couleur brillante de la trame, tandis que dans la 4e, elle ne paraît que de la couleur mate de la chaîne; et cette dernière couleur est moins mélangée de la couleur de la trame que le rouge vu dans la 2e circonstance n'est mêlé de bleu.

En définitive, une étoffe glacée peut présenter quatre couleurs. De *b* en *a*, deux couleurs très-rapprochées, parce qu'elles résultent d'un mélange des mêmes couleurs, celle de la chaîne et celle de la trame, fait en proportion inégale. De *a* en *b*, la couleur de la trame très-légèrement mélangée de la couleur de la chaîne, et la couleur de la chaîne presque pure.

Nota. Il est bien entendu, conformément à ce que j'ai dit (83), que la conclusion porte sur des tissus de la catégorie du gros de Naples, caractérisés par des cannelures ou demi-anneaux que la chaîne forme en passant sur la trame.

---

85. Il existe des *glacés* dont la trame, au lieu d'être d'une seule couleur, est de deux couleurs; ils sont appelés *caméléons*.

86. Supposons une chaîne bleue sur le métier, et que le tisserand fasse passer dans toute la largeur de l'étoffe un fil de trame jaune qui ne formera que la moitié de la grosseur de la trame, et qu'il ajoute un second fil de trame rouge dont la juxtaposition avec le premier composera un fil de trame bicolore; supposons qu'il continue son tissage sans intervertir l'ordre de juxtaposition du jaune et du rouge, il en résultera une étoffe qui présentera les effets suivants.

A. *Le spectateur est en face de la lumière.*

1re circonstance : il faut distinguer deux cas.

Premier cas.

La $\frac{1}{2}$ trame rouge fait face à la lumière.	Couleur grise, violacée-rougeâtre, sous un angle de 45° et plus, qui permet d'apercevoir le fil rouge de la trame, lequel est tourné vers la lumière.

Deuxième cas.

La $\frac{1}{2}$ trame jaune fait face à la lumière.	Couleur grise moins violacée, ou gris-jaunâtre, sous un angle de 45° et plus, qui permet d'apercevoir le fil jaune de la trame, lequel est tourné vers la lumière.

Sous un angle moins ouvert, les résultats seraient différents, et pourraient même être inverses.

3 circonstance, gris plus bleuâtre que 1, et moins brillant.

B. *Le spectateur tourne le dos à la lumière.*

2ᵉ circonstance : comme dans la 1ʳᵉ, il faut distinguer deux cas.

Premier cas.

La ½ trame rouge fait face à la lumière. — Rouge très-sensiblement violacé par l'intervention du bleu de la chaîne, — brillant par l'intervention de la trame.

Deuxième cas.

La ½ trame jaune fait face à la lumière. — Jaune rendu à peine verdâtre par l'intervention du bleu de la chaîne, — brillant par l'intervention de la trame.

4ᵉ circonstance, bleu mat de la chaîne, moins de brillant qu'en 2.

CONCLUSION.

87. Nous voyons une application du *principe du mélange des couleurs* dans l'effet de l'étoffe glacée caméléon observée dans la 1ʳᵉ et la 3ᵉ circonstance (14).

Effectivement, comme il arrive du rouge, du jaune et du bleu, en même temps, à l'œil de l'observateur, et que les rayons colorés émanent de surfaces trop petites en étendue pour que les limites en soient perceptibles, il y a, sur la rétine, confusion, mélange, et dès lors neutralisation mutuelle d'une certaine quantité de rayons colorés, ou, en d'autres termes, ombre ou noir produit. Mais la neutralisation n'étant pas complète, les rayons colorés simples ou binaires, qui sont en excès à la neutralisation, agissant comme tels sur la rétine, font paraître l'étoffe d'un gris coloré.

---

88. Nous partagerons les étoffes glacées en deux sections. Dans la première, nous rangerons celles dont la trame est d'une seule couleur, ou monochrome; et dans la seconde, celles dont la trame est de deux couleurs, ou bicolores : ce sont les caméléons.

1re SECTION.

Étoffes glacées à trame monochrome.

89. Nous ferons huit groupes de ces étoffes.

1er groupe,	glacés composés	de noir, de gris ou de blanc.
2^e	—	—	de noir et d'une couleur.
3^e	—	—	de gris et d'une couleur.
4^e	—	—	de blanc et d'une couleur.
5^e	—	—	de couleurs complémentaires.
6^e	—	—	de couleurs non complémentaires.
7^e	—	—	de couleur et d'un gris teint de la complémentaire de cette couleur.
8^e	—	—	de couleur et d'un gris teint d'une couleur non complémentaire de la première.

Remarque importante sur les échantillons des six premiers groupes, qui ont été l'objet des observations qu'on va lire.

90. J'ai fait faire deux pièces d'étoffe de soie en gros de Naples, identiques, composées : 1° d'une chaîne présentant, dans le sens transversal des pièces, des portions égales de 0^m,11 chacune de fils noirs, de fils blancs, de fils gris, de fils rouges, de fils orangés, de fils jaunes, de fils verts, de fils bleus et de fils violets; 2° d'une trame présentant alternativement des portions égales de 0^m,25 chacune, dans le sens longitudinal des pièces, de fils noirs, de fils blancs, de fils gris, de fils rouges, de fils orangés, de fils jaunes, de fils verts, de fils bleus et de fils violets. J'ai donc obtenu ainsi quatre-vingt-un échantillons dans chaque pièce. L'une des pièces est restée unie, tandis que l'autre a été soumise au procédé de la moire. Lorsque je traiterai de cet apprêt, je comparerai les deux pièces ensemble,

sous le rapport des avantages qu'il peut présenter, en ayant égard aux étoffes monochromes et aux étoffes glacées; car, évidemment, dans chaque pièce il y a neuf échantillons monochromes disposés suivant une des diagonales.

91. Je préviens que je ne regarderai pas chacun des glacés dans les quatre circonstances dont j'ai parlé jusqu'ici, par le motif que les généralités précédentes (81, 82, 83, 84) me dispensent d'entrer dans de nouveaux détails à ce sujet. Je me bornerai, autant que possible, aux effets de l'étoffe tendue verticalement devant une fenêtre recevant de la lumière diffuse; c'est dans cette position que j'en examinerai implicitement les effets, suivant qu'elle est tendue ou plissée. Le principal but que je me propose, en me livrant à cet examen, est de déterminer l'arrangement préférable de deux couleurs données pour la confection d'un glacé, ou, en d'autres termes, quelle est la couleur qu'il convient d'employer comme chaîne, et celle qu'il convient d'employer comme trame. Il est entendu que tout ce qui va suivre se rapporte au *gros de Naples*, ou tissus analogues par la chaîne.

92. Je préviens que, dans l'ordre lumineux, les couleurs sont : le jaune, l'orangé, le rouge, le vert, le violet et le bleu.

93. Je préviens encore que les expressions dont je me servirai pour juger brièvement les glacés, sont les suivantes : *très-beau*, *beau*, *assez beau*, *médiocre*, *mauvais*, *très-mauvais*.

94. 1er GROUPE. *Glacés composés de noir, de blanc ou de gris.*

1	chaîne noire. trame grise.	Brillant, assez uni. *Assez beau.*
2	chaîne grise. trame noire.	Rayé, terne, plus clair que 1, cependant *médiocre.*
3	chaîne noire. trame blanche.	Gris uni, à reflet très-brillant. *Médiocre.*
4	chaîne blanche. trame noire.	Gris rayé, moins brillant, plus roux? plus clair. *Mauvais.*
5	chaîne grise. trame blanche.	Gris uni brillant. *Beau.*
6	chaîne blanche. trame grise.	Gris uni, moins brillant que 5, plus clair peut-être. *Assez beau.*

CONCLUSIONS.

95. 1° Les meilleurs arrangements sont ceux où il y a le moins d'opposition de ton entre la chaîne et la trame. Conséquemment, le gris et le blanc, le noir et le gris, sont préférables au noir et au blanc, toutes choses semblables d'ailleurs.

2° Les meilleurs arrangements entre le noir et le gris, et le noir et le blanc, sont évidemment ceux où le plus foncé des deux fils donnés forme la chaîne, et le plus clair la trame.

3° Il est plus difficile de voir si le glacé chaîne grise et trame blanche est, conséquemment à ce que je viens de dire, préférable au glacé chaîne blanche et trame grise. Cependant, en y regardant avec attention et à diverses reprises, on se décidera, je crois, pour le premier arrangement.

Quoi qu'il en soit, la difficulté dont je parle sera parfaitement expliquée par le principe que je déduirai plus tard de l'observation des effets optiques des glacés composés de blanc et d'une couleur; car, dans ces derniers, la supériorité appartenant à ceux dont la chaîne est blanche et la trame de couleur, on conçoit sans peine la difficulté de prononcer sur un glacé qui se trouve à la limite de deux groupes des tissus de cette nature, lorsque les règles d'après lesquelles la couleur de la chaîne est assortie le mieux possible à celle de la trame, sont inverses pour les deux groupes.

2e GROUPE. *Glacés composés de noir et d'une couleur.*

96. Les effets de ces glacés sont ceux qui peuvent naître :

1° De la vue du noir;

2° De la vue du noir mélangé avec la couleur qu'on y a alliée;

3° De la vue de la modification que le noir est susceptible de recevoir de sa juxtaposition avec la couleur qu'on y a alliée, ou, en d'autres termes, de paraître coloré de la complémentaire de cette couleur.

N°	Étoffe	Effet
1	chaîne noire. trame rouge.	Brillant. *Beau.*
2	chaîne rouge. trame noire.	Plus rouge que 1. Moins brillant. Terne comme sali. *Mauvais.*
3	chaîne noire. trame orangée.	Brillant. *Beau.*
4	chaîne orangée. trame noire.	Rayé comme sali. *Très-mauvais.*
5	chaîne noire. trame jaune.	Jaune-verdâtre rabattu, mais uni et brillant. *Médiocre.*
6	chaîne jaune. trame noire.	Rayé couleur désagréable. *Très-mauvais.*
7	chaîne noire. trame verte.	Brillant. Modification rouge naissant du vert. *Beau.*
8	chaîne verte. trame noire.	*Médiocre.*
9	chaîne noire. trame bleue.	Brillant. Modification orangée naissant du bleu. *Beau.*
10	chaîne bleue. trame noire.	Terne. *Médiocre.*
11	chaîne noire trame violette.	Brillant. Modification jaune naissant du violet. *Beau.*
12	chaîne violette. trame noire.	Terne. *Médiocre.*

CONCLUSION.

97. La supériorité du gros de Naples à chaîne noire et à trame de couleur sur les étoffes à chaîne de couleur et à trame noire, est incontestable sous le rapport de *l'uni*, *du brillant* et de *la beauté des effets naissant de la complémentaire* de la couleur alliée avec le noir.

On doit abandonner la fabrication du gros de Naples à trame noire.

3e GROUPE. *Glacés composés de gris normal et d'une couleur.*

98. Lorsque ces glacés sont vus dans la position où la chaîne et la trame réfléchissent à la fois des

rayons à l'œil du spectateur, ils présentent la couleur alliée au gris, affaiblie par de l'ombre. Lorsqu'ils montrent à la fois des parties colorées et des parties grises, celles-ci apparaissent teintes de la complémentaire de la couleur alliée au gris, de la manière la plus remarquable.

1	chaîne grise. trame rouge.	Brillant, reflets gris, violets, verts. *Beau.*
2	chaîne rouge. trame grise.	Trop luisant ou trop obscur suivant la position. *Médiocre.*
3	chaîne grise. trame orangée.	Brillant, reflets gris, bleuâtres, violetés. *Très-beau.*
4	chaîne orangée. trame grise.	Trop luisant, ou terne comme sali. *Mauvais.*
5	chaîne grise. trame jaune.	Brillant, reflets gris, lilas. *Beau.*
6	chaîne jaune. trame grise.	Trop luisant ou terne, comme sali. *Mauvais.*
7	chaîne grise. trame verte.	Brillant, vert-pomme, reflets rosés. *Beau.*
8	chaîne verte. trame grise.	Trop luisant. *Médiocre.*
9	chaîne grise. trame bleue.	Brillant, bleu de ciel, reflets orangés. *Beau.*
10	chaîne bleue trame grise.	Trop luisant, trop obscur, trop terne. *Médiocre.*
11	chaîne grise. trame violette.	Brillant, reflets jaunes. *Beau.*
12	chaîne violette. trame grise.	Trop luisant, *Médiocre.*

CONCLUSION.

99. La supériorité des gros de Naples à chaîne grise et à trame de couleur sur les gros de Naples à chaîne de couleur et à trame grise est incontestable, sous le rapport de *la légèreté* de la couleur, de *l'éclat* et de *la beauté* des *reflets de la complémentaire* de la couleur qui se trouve alliée avec le gris.

Les gros de Naples à trame grise, suivant la position du spectateur, étant trop luisants ou trop obscurs, les reflets de la complémentaire sont peu sensibles.

On doit abandonner les gros de Naples à trame grise.

4e GROUPE. *Glacés composés de blanc et d'une couleur.*

100. Lorsque ces glacés sont vus dans la position où la chaîne et la trame apparaissent à la fois au spectateur, leur couleur est celle de l'élément coloré affaiblie par du blanc. Lorsqu'ils montrent à la fois des parties colorées et des parties de l'élément du tissu qui ne l'est pas, il arrivera que, si ce dernier réfléchit beaucoup de lumière, il paraîtra blanc, du moins en général; mais, pour peu qu'il en soit autrement, il se montrera avec une teinte légère de la complémentaire de la couleur propre à l'élément coloré.

1	chaîne blanche. trame rouge.	Légèrement rayé, rose léger à reflets d'un gris verdâtre. *Assez beau.*
2	chaîne rouge. trame blanche.	Trop luisant, ne présentant pas pour ainsi dire l'effet du glacé. *Médiocre, presque mauvais.*
3	chaîne blanche. trame orangée.	Reflets d'un gris bleuâtre. *Très-beau.*
4	chaîne orangée. trame blanche.	Trop luisant. *Médiocre, presque mauvais.*
5	chaîne blanche. trame jaune.	Reflets gris-lilas. *Beau.*
6	chaîne jaune. trame blanche.	Trop luisant. *Médiocre.*
7	chaîne blanche. trame verte.	Reflets rosés. *Beau.*
8	chaîne verte. trame blanche.	Trop luisant, peu d'effet de glacé. *Médiocre.*

9	chaîne blanche. trame bleue.	Un peu rayé ; trop de reflets orangés ou roux, pour l'étendue des parties bleues. *Assez beau.*
10	chaîne bleue. trame blanche.	Trop luisant, peu d'effet du glacé. *Médiocre.*
11	chaîne blanche. trame violette.	Un peu rayé; trop de reflets jaunâtres, pour l'étendue des parties violettes. *Assez beau.*
12	chaîne violette. trame blanche.	Trop luisant, peu d'effet de glacé. *Médiocre.*

CONCLUSION.

101. Les gros de Naples à chaîne blanche et à trame de couleur sont incontestablement supérieurs aux gros de Naples à chaîne de couleur et à trame blanche, surtout pour le rouge, et à plus forte raison pour l'orangé et le jaune. Cependant, à l'égard du vert, du bleu et du violet, il faut avouer qu'il est plus difficile d'éviter les rayures et d'obtenir une étoffe unie avec la chaîne blanche qu'avec la chaîne de couleur. Si donc les glacés à chaîne blanche et à trame verte, bleue et violette, sont d'un plus bel effet, comme *glacés*, que ceux dont l'arrangement des couleurs est inverse, ils exigent plus d'attention de la part du fabricant, relativement à l'égalité de la chaîne. Je dois ajouter que des glacés à trame blanche, dont les chaînes seraient de couleurs très-faibles de ton, pourraient avoir une supériorité réelle sur des glacés à chaîne blanche dont la trame serait d'une couleur plus élevée de ton.

5e GROUPE. *Glacés composés de couleurs mutuellement complémentaires.*

102. Les étoffes de ce groupe sont celles qui, vues

dans la position où elles montrent à la fois la chaîne et la trame, perdent le plus de leur couleur, puisqu'il y a une partie toujours considérable de rayons complémentaires qui, par leur mélange, donnent du brun ou du noir; si le mélange ne produit pas le gris normal, l'étoffe paraît d'un gris coloré par la couleur qui est en excès.

103. Les étoffes de ce groupe, dans la position où, par le *plissement*, elles montrent leurs deux couleurs séparément, présentent l'effet du glacé au maximum.

1	chaîne verte. trame rouge.	Très-brillant. *Très-beau.*
2	chaîne rouge. trame verte.	Trop de rouge, vert trop pâle dans les reflets. *Assez beau.*
3	chaîne bleue. trame orangée.	Reflets du plus beau doré, brillant métallique. *Très-beau.*
4	chaîne orangée. trame bleue.	Rayé terne, trop d'orangé. *Médiocre.*
5	chaîne violette. trame jaune.	Brillant, reflets jaunes métalliques. *Très-beau.*
6	chaîne jaune. trame violette.	Rayé, trop de jaune, verdâtre sale. *Mauvais.*

CONCLUSION.

104. Les plus beaux effets résultent de l'emploi de la couleur la plus obscure, ou la moins lumineuse pour chaîne, et par conséquent de la plus brillante pour trame. Il faut réellement voir l'extrême différence existant entre les arrangements, chaîne verte et trame rouge, chaîne bleue et trame orangée, chaîne violette et trame jaune, d'une part, et d'une autre part, les arrangements, chaîne rouge et trame verte, chaîne orangée et trame bleue, chaîne jaune et trame violette, pour avoir une idée juste de la supériorité

des premiers arrangements sur les seconds, tant les différences sont considérables.

6e GROUPE. *Glacés composés de couleurs qui ne sont pas mutuellement complémentaires.*

105. Je rangerai ces glacés en trois sous-groupes, ceux qui sont composés de deux couleurs binaires, ceux dans lesquels une couleur binaire est alliée à une couleur simple, enfin les glacés composés de deux couleurs simples.

106. 1er SOUS-GROUPE. *Glacés composés de deux couleurs binaires.*

Lorsqu'ils montrent à la fois leur chaîne et leur trame, les rayons de couleurs complémentaires qui arrivent à l'œil donnent lieu à du gris, lequel est teint par la couleur en excès à celles qui se neutralisent. Il en résulte que, toutes choses égales d'ailleurs, ces glacés perdent moins de leur couleur que les glacés de couleurs mutuellement complémentaires.

Lorsque ces glacés montreront leurs deux couleurs séparées, il y aura moins d'opposition entre elles que si les couleurs étaient complémentaires, puisqu'une même couleur se trouve dans chacune des deux couleurs binaires.

1	chaîne verte. trame orangée.	Brillant, reflets métalliques. *Très-beau.*
2	chaîne orangée. trame verte.	Rayé, reflets rougeâtres, ternes. *Médiocre.*
3	chaîne violette. trame orangée.	Brillant, reflets métalliques. *Très-beau.*
4	chaîne orangée. trame violette.	Rayé, orangé sale. *Médiocre.*

5	chaîne violette. trame verte.	Reflets brillants. *Très-beau.*
6	chaîne verte. trame violette.	Moins brillant, moins beau sous tous les rapports que 5. *Beau.*

2e SOUS-GROUPE. *Glacés composés d'une couleur binaire et d'une couleur simple.*

107. Lorsque ces glacés montrent à la fois leur chaîne et leur trame, les rayons qui arrivent à l'œil, mélangés, donnent une couleur binaire qui est franche, si les rayons réfléchis ne renferment que deux couleurs simples. Dans ce cas, ces glacés ne donnent donc jamais de gris, comme les glacés du sous-groupe précédent et les glacés de couleurs mutuellement complémentaires du 4e groupe.

108. Lorsque ces glacés montrent simultanément les couleurs de leur chaîne et de leur trame séparées, il n'y aura jamais une grande opposition, puisque la couleur binaire renferme toujours, comme élément, la couleur simple.

1	chaîne rouge. trame orangée.	Brillant, reflets d'un orangé pur. *Beau.*
2	chaîne orangée. trame rouge.	Rose trop pâle, orangé trop brun, sale. *Médiocre, peut-être mauvais.*
3	chaîne violette. trame rouge.	Reflets métalliques bleus, violets. *Très-beau.*
4	chaîne rouge, trame violette.	Légèrement rayé, reflets violets, cramoisis, rouge terne. *Beau, peut-être médiocre.*
5	chaîne orangée. trame jaune.	Uni brillant, reflets dorés. *Beau.*
6	chaîne jaune. trame orangée.	Un peu rayé, terne. *Beau.*
7	chaîne verte. trame jaune.	Uni, brillant, reflets métalliques. *Très-beau.*
8	chaîne jaune. trame verte.	Rayé, reflets verts et couleurs ternes ou sales. *Médiocre.*

9	chaîne bleue. trame verte.	Brillant, reflets d'un beau vert. *Beau.*
10	chaîne verte trame bleue.	Reflets d'un bleu terne. *Assez beau.*
11	chaîne bleue. trame violette.	Uni, brillant. *Beau.*
12	chaîne violette. trame bleue.	Uni, moins brillant que 11, et y étant certainement inférieur. *Beau* cependant.

3e SOUS-GROUPE. *Glacés composés de deux couleurs simples.*

109. Lorsqu'on voit à la fois la chaîne et la trame de ces glacés, ils renvoient à l'œil des rayons de deux couleurs simples qui produisent une couleur binaire; comme les glacés du sous-groupe précédent, ils ne donnent donc jamais lieu à du gris.

110. Lorsqu'on verra simultanément les deux couleurs séparées, il y aura le maximum d'opposition, que les arrangements de couleurs compris dans le 5e groupe sont susceptibles de présenter, et l'effet du contraste ajoutera encore à la différence des deux couleurs.

1	chaîne rouge. trame jaune.	Assez uni, brillant. *Beau.*
2	chaîne jaune. trame rouge.	Rayé, reflets trop verts, rouge terne, trop faible et sale. *Médiocre.*
3	chaîne bleue. trame rouge.	Uni, brillant, reflets métalliques violets. *Très-beau.*
4	chaîne rouge. trame bleue.	Légèrement rayé. *Beau.*
5	chaîne bleue. trame jaune.	Uni, reflets métalliques verts, dorés. *Très-beau.*
6	chaîne jaune. trame bleue.	Rayé. *Mauvais.*

111. *Conclusion pour les gros de Naples glacés du 6e groupe.*

1° Dans les glacés de deux couleurs binaires, les arrangements les plus beaux sont produits lorsque la couleur la plus obscure fait la chaîne, et la couleur la plus claire la trame.

2° Même résultat pour les glacés composés d'une couleur binaire et d'une couleur simple.

3° Même résultat pour les glacés composés de deux couleurs simples.

7e GROUPE. *Glacés composés d'une couleur et d'un gris teint de sa complémentaire.*

112. Les effets des glacés de ce groupe se déduisent de ceux des glacés du 3e groupe formés d'une couleur et de gris normal (98), et de ceux des glacés formés de deux couleurs complémentaires (102). Conséquemment :

1° Lorsque les glacés du 7e groupe montrent à la fois la chaîne et la trame, une portion de la couleur de l'élément coloré est neutralisée par la couleur du gris, qui est la complémentaire de la première ; celle-ci, toutes choses égales d'ailleurs, est donc plus affaiblie que si elle était associée au gris normal.

2° Lorsque les glacés du 7e groupe montrent séparément une portion de l'élément coloré contigu à une portion de l'élément gris, celui-ci paraît plus fortement teint de la complémentaire de l'élément coloré que s'il était d'un gris normal.

8e GROUPE. *Glacés composés d'une couleur et d'un gris teint d'une couleur qui n'est pas complémentaire de la première.*

113. Les effets optiques d'un gros de Naples glacé appartenant à ce groupe peuvent être déduits de ceux des gros de Naples glacés du 3e groupe et de ceux des gros de Naples glacés du 6e, en tenant compte de trois choses : 1° de la teinte de l'élément du glacé dont la couleur est franche; 2° du gris de l'autre élément, abstraction faite de sa couleur; 3° de cette couleur.

Lorsque l'œil aperçoit la chaîne et la trame, comme cela arrive dans la 1re et la 3e circonstance, il perçoit la résultante d'un mélange de deux couleurs et du gris normal allié à l'une d'elles.

Lorsqu'il aperçoit simultanément des effets de la chaîne et de la trame convenablement rapprochés, l'effet principal provient de l'élément dont la couleur est franche, et l'effet de l'autre élément se compose de celui du gris et de la modification plus ou moins grande de sa couleur par la complémentaire de la couleur du premier élément.

CONCLUSION GÉNÉRALE

114. Dans les étoffes glacées, il y a deux éléments inégalement brillants qui apparaissent à la fois, la chaîne, qui l'est le moins, et la trame, qui l'est le plus, à cause de sa faible torsion (16), toutes choses égales d'ailleurs; je dis toutes choses égales d'ailleurs, parce

que, si la couleur de la chaîne est naturellement brillante et la couleur de la trame naturellement obscure (92), on comprendra qu'il puisse y avoir une sorte de compensation.

Dans la confection d'un glacé, il y a deux choses principales à considérer, relativement aux choix de la couleur pour chaîne et de la couleur pour trame; ce sont :

1° *Le brillant de l'étoffe*, y compris le rapport de la chaîne à la trame, quant à leur étendue respective.

2° *La beauté de la couleur*, comprenant la vivacité, l'égalité, pour des parties vues dans une même position, la pureté ou la franchise, soit qu'on ne voie qu'une couleur, soit qu'on en voie deux ou plusieurs.

115. Dans le gros de Naples, où la chaîne domine, le brillant étant donné par la trame particulièrement, il en résulte que, si vous employez une trame noire avec le blanc, le gris, le rouge, l'orangé, le jaune, le vert, le bleu et le violet, vous n'avez plus de brillant, et dès lors, si la couleur de la chaîne est lumineuse ou d'un ton clair, les inégalités des fils de cette chaîne deviendront extrêmement sensibles dans le glacé. En définitive, c'est donc plutôt par le défaut de brillant des étoffes à trame noire que par l'assombrissement de la couleur ou l'élévation du ton, en d'autres termes, qu'elles sont si inférieures aux glacés à chaîne noire.

116. Si, avec le noir, on augmente autant que possible le brillant de l'étoffe, en réservant pour la chaîne l'élément le plus sombre, afin d'avoir dans la trame

l'élément le plus brillant possible (97), lorsqu'il s'agira d'un glacé composé de blanc, on concevra très-bien, d'après ce qu'on sait de l'inconvénient du trop de brillant pour l'effet de la couleur proprement dite (101), comment une trame blanche sera moins favorable à l'effet de la couleur du glacé qu'une chaîne blanche, où l'effet du brillant de la soie se trouve diminué par la torsion même qu'elle a subie. On déduit donc de là la préférence qu'il faut donner au blanc pour la chaîne dans les gros de Naples glacés : alors les trames de couleur qu'on y allie ne présentent plus les deux effets extrêmes des glacés à trame blanche, une surface trop luisante dans une position, et une couleur trop foncée et pas glacée dans la position contraire.

117. L'expérience apprend qu'un gris de perle, dont le ton est plus ou moins inférieur à celui de la plupart des couleurs qu'on y allie pour le glacer, présente alors des effets analogues à celui du blanc ; car, comme celui-ci, il donne trop de brillant au glacé, s'il en constitue la trame. Conséquemment, dans ce que j'ai dit de la préférence à lui donner, comme chaîne, sur son emploi comme trame, en parlant des glacés du troisième groupe (98), il ne faudrait pas attribuer le choix dont il est alors l'objet à ce qu'on le considérerait comme couleur plus sombre que la couleur avec laquelle on l'allie.

118. La double considération précédente, et les effets inverses que présentent l'emploi du noir et l'emploi du blanc, comme chaîne, dans les gros de Naples

glacés, explique parfaitement pourquoi, dans les glacés composés de deux couleurs, c'est la couleur la moins lumineuse qui doit constituer la chaîne, et la couleur la plus lumineuse la trame. Cela est évidemment vrai, surtout pour tous les arrangements où l'une des couleurs diffère beaucoup de l'autre. Enfin les considérations précédentes expliquent comment une couleur qui est plus lumineuse qu'une autre, à égalité de ton, si elle est employée dans un glacé avec celle-ci, non dans la condition d'égalité de ton, mais à un ton plus élevé, et rabattue encore par du noir, pourra produire un beau glacé ; je citerai pour exemple un gros de Naples formé d'une chaîne rouge de couleur intense fortement rabattue et d'une trame verte.

GLACÉS DIFFÉRENTS DU GROS DE NAPLES.

119. Je dois à l'obligeance de M. Thomas d'Avignon d'avoir pu faire des observations comparatives sur les glacés de marcelline et de florence, dans lesquels la trame prédomine sur la chaîne, au contraire de ce qui a lieu dans les glacés de gros de Naples. Je vais exposer les observations auxquelles a donné lieu l'examen d'une pièce de marcelline et d'une pièce de florence, qui avaient été composées à l'instar de la pièce des glacés de gros de Naples qui a fait l'objet des observations décrites précédemment.

1er GROUPE. *Glacés composés de noir, de blanc ou de gris.*

1	chaîne noire. trame grise.	Brillant, légèrement rayé. *Assez beau.*
2	chaîne grise. trame noire.	Plus foncé, moins brillant que 1. *Médiocre.*
3	chaîne noire. trame blanche.	Brillant, légèrement rayé. *Médiocre.*
4	chaîne blanche. trame noire.	Terne, rayé. *Mauvais.*
5	chaîne grise. trame blanche.	Gris, uni, brillant. *Beau.*
6	chaîne blanche. trame grise.	Gris bien plus foncé que 5. *Assez beau.*

CONCLUSION.

1. Comme pour les gros de Naples, les meilleurs glacés sont ceux où il y a le moins d'opposition de ton entre la chaîne et la trame.

2. Comme pour les gros de Naples, les meilleurs glacés sont ceux où la chaîne est plus foncée que la trame; mais, contrairement aux premiers, ils sont plus clairs, par la raison que, dans la marcelline et le florence, les effets de la trame dominent sur ceux de la chaîne.

2e GROUPE. *Glacés composés de noir et d'une couleur.*

1	chaîne noire. trame rouge.	Brillant, glacé peu sensible. *Assez beau.*
2	chaîne rouge. trame noire.	Terne, glacé trop sombre. *Médiocre.*
3	chaîne noire. trame orangée.	brillant, glacé peu sensible. *Assez beau.*
4	chaîne orangée. trame noire.	Terne, trop sombre. *Mauvais.*

5	chaîne noire. trame jaune.	Brillant, glacé peu sensible. *Assez beau.*
6	chaîne jaune. trame noire.	Terne. *Mauvais.*
7	chaîne noire. trame verte.	Brillant, glacé peu sensible. *Assez beau.*
8	chaîne verte. trame noire.	Terne, trop sombre. *Médiocre.*
9	chaîne noire. trame bleue.	Brillant, glacé peu sensible. *Assez beau.*
10	chaîne bleue. trame noire.	Terne, trop sombre. *Médiocre.*
11	chaîne noire. trame violette.	Brillant, glacé peu sensible. *Assez beau.*
12	chaîne violette. trame noire.	Terne, trop sombre. *Médiocre.*

CONCLUSION.

Les numéros impairs présentent des glacés moins prononcés que les numéros pairs. Mais les différences entre ces numéros sont moins marquées qu'entre les numéros correspondants des glacés de gros de Naples. Les glacés à chaîne noire sont préférables aux glacés à trame noire, comme cela a lieu pour les glacés de gros de Naples. Si la prédominance de l'élément brillant due au peu de torsion de la trame et à sa couleur diminue l'effet du glacé dans les glacés de florence et de marcelline à chaîne noire, d'un autre côté, dans les glacés à trame noire, les couleurs sont trop ternes pour paraître d'une manière avantageuse.

La prédominance des effets de la trame sur ceux de la chaîne est bien sensible dans les glacés de ce groupe.

3e GROUPE. *Glacés composés de gris normal et d'une couleur.*

1	chaîne grise. trame rouge.	Brillant. *Beau.*
2	chaîne rouge. trame grise.	Trop luisant. *Médiocre.*
3	chaîne grise. trame orangée.	Brillant. *Beau.*
4	chaîne orangée. trame grise.	Trop luisant, ou couleur trop terne. *Mauvais.*
5	chaîne grise. trame jaune.	Brillant. *Beau.*
6	chaîne jaune. trame grise.	Trop luisant ou couleur trop terne. *Mauvais.*
7	chaîne grise. trame verte.	Brillant. *Assez beau.*
8	chaîne verte. trame grise.	Trop luisant. *Médiocre.*
9	chaîne grise. trame bleue.	Brillant. *Assez beau.*
10	chaîne bleue. trame grise.	Trop luisant. *Médiocre.*
11	chaîne grise. trame violette.	Brillant. *Assez beau.*
12	chaîne violette. trame grise.	Trop luisant. *Médiocre.*

CONCLUSION.

1. Comme pour le gros de Naples, les glacés des numéros impairs à chaîne grise sont préférables aux glacés des numéros pairs à trame grise; mais les différences entre les deux sortes de numéros sont moindres que pour les glacés de gros de Naples, à cause de la prédominance de la trame sur la chaîne dans les glacés de florence et de marcelline.

4e GROUPE. *Glacés composés de blanc et d'une couleur.*

1	chaîne blanche. trame rouge.	*Beau.*
2	chaîne rouge. trame blanche.	Trop luisant. *Médiocre.*
3	chaîne blanche. trame orangée.	*Beau.*
4	chaîne orangée. trame blanche.	Trop luisant *Médiocre.*
5	chaîne blanche. trame jaune.	*Beau.*
6	chaîne jaune. trame blanche.	Trop luisant. *Médiocre.*
7	chaîne blanche. trame verte.	Rayé par l'effet du contraste de ton. *Assez beau.*
8	chaîne verte. trame blanche.	Trop luisant. *Médiocre.*
9	chaîne blanche. trame bleue.	Rayé par l'effet du contraste de ton. *Assez beau.*
10	chaîne bleue. trame blanche.	Trop luisant. *Médiocre.*
11	chaîne blanche. trame violette.	Rayé par l'effet du contraste de ton. *Assez beau.*
12	chaîne violette. trame blanche.	Trop luisant. *Médiocre.*

CONCLUSION.

Comme pour les gros de Naples, les glacés à chaîne blanche sont préférables aux glacés à trame blanche, parce que ceux-ci sont trop luisants, et la couleur en est trop appauvrie. Cependant, pour des chaînes dont les couleurs seraient excessivement peu élevées de ton, il pourrait se faire que des glacés à trame blanche fussent préférables aux glacés à chaîne blanche, surtout si la trame de ceux-ci était d'une couleur foncée.

5e GROUPE. *Glacés composés de couleurs mutuellement complémentaires.*

1	chaîne verte. trame rouge.	*Beau.*
2	chaîne rouge. trame verte.	*Très-beau.*
3	chaîne bleue. trame orangée.	La prédominance de la trame fait qu'il y a moins de couleur bleue neutralisée qu'en 4 ; et conséquemment le glacé 3 est plus brillant que 4. *Beau.*
4	chaîne orangée. trame bleue.	Il y a trop de couleur neutralisée pour que ce glacé égale le précédent. *Assez beau.*
5	chaîne violette trame jaune.	*Beau.*
6	chaîne jaune. trame violette.	Le jaune paraît trop verdâtre. *Assez beau.*

CONCLUSION.

Excepté les glacés de vert et de rouge, qui présentent l'alliance la plus belle dans l'emploi de la couleur la plus brillante (le rouge) pour chaîne, les autres arrangements suivent la règle des glacés de gros de Naples, d'après laquelle la chaîne doit être de la couleur la plus obscure; mais il y a moins de différence, entre les numéros impairs et les numéros pairs, pour les glacés de florence et de marcelline, que pour les glacés de gros de Naples.

6e GROUPE. *Glacés composés de couleurs qui ne sont pas mutuellement complémentaires.*

1er SOUS-GROUPE.

1	chaîne verte. trame orangée.	Rayé. *Médiocre.*
2	chaîne orangée. trame verte.	*Assez beau.*
3	chaîne violette. trame orangée.	*Beau.*
4	chaîne orangée. trame violette.	*Médiocre.*
5	chaîne violette. trame verte.	*Beau.*
6	chaîne verte. trame violette.	*Beau.*

CONCLUSION.

1. Moins de différence, entre les numéros impairs et les numéros pairs, pour ces glacés que pour les glacés correspondants de gros de Naples.

2. Les glacés de vert et d'orangé exceptés, les autres glacés ne sont point en opposition avec la règle qui prescrit pour les glacés de gros de Naples l'emploi en chaîne de la couleur obscure ou la moins brillante.

2e SOUS-GROUPE.

N°		Résultat
1	chaîne rouge. trame orangée.	*Assez beau.*
2	chaîne orangée. trame rouge.	*Assez beau.*
3	chaîne violette. trame rouge.	*Beau.*
4	chaîne rouge. trame violette.	*Assez beau.*
5	chaîne orangée. trame jaune.	*Assez beau.*
6	chaîne jaune. trame orangée.	*Assez beau.*
7	chaîne verte. trame jaune.	*Assez beau.*
8	chaîne jaune. trame verte.	*Assez beau.*
9	chaîne bleue. trame verte.	*Beau.*
10	chaîne verte. trame bleue.	*Beau.*
11	chaîne bleue. trame violette.	*Beau.*
12	chaîne violette. trame bleue.	*Beau.*

CONCLUSION.

Lorsqu'il y a une différence appréciable entre les numéros impairs et les numéros pairs, la règle des gros de Naples glacés, qui demande l'emploi de la couleur obscure ou la moins brillante, est encore applicable aux glacés de florence et de marcelline.

3e SOUS-GROUPE.

1	chaîne rouge. trame jaune.	*Assez beau.*
2	chaîne jaune. trame rouge.	*Médiocre.*
3	chaîne bleue. trame rouge.	*Beau.*
4	chaîne rouge. trame bleue.	*Beau.*
5	chaîne bleue. trame jaune.	*Médiocre.*
6	chaîne jaune. trame bleue.	Le jaune est trop vert. *Mauvais.*

CONCLUSION.

Moins d'opposition entre les numéros impairs et les numéros pairs qu'entre les numéros correspondants des glacés de gros de Naples.

En tenant compte de cette différence, les résultats de l'observation des glacés de florence et des glacés de marcelline ne sont point opposés à la règle, prescrite pour les glacés de gros de Naples, d'employer pour la chaîne la couleur obscure ou la moins brillante.

RÉSUMÉ.

120. Les glacés du 1er groupe, comme les glacés correspondants de gros de Naples, sont d'autant plus beaux qu'il y a moins d'opposition de ton entre la chaîne et la trame.

121. Les glacés de florence et les glacés de marcelline des groupes 2, 3, 4, 5 et 6 présentent tous une différence notablement moindre entre les numéros impairs et les numéros pairs qu'on n'en observe entre

les numéros correspondants des glacés de gros de Naples ; le fabricant des premiers glacés a donc moins d'intérêt à suivre les règles que j'ai prescrites, en parlant des glacés de gros de Naples, que n'en a le fabricant de ces derniers.

122. Les glacés des groupes 2, 3 et 4 rentrent dans les règles prescrites pour la fabrication des glacés de gros de Naples des groupes correspondants, toujours en tenant compte de la remarque précédente (121).

123. Il en est de même pour les glacés des groupes 5 et 6, avec cette différence, cependant, qu'à mon sens il y a deux exceptions, les glacés de rouge et de vert et les glacés d'orangé et de vert; à l'égard des glacés de gros de Naples, il y a avantage à employer le vert pour la chaîne, et le rouge ou l'orangé pour la trame, tandis que le contraire a lieu pour les glacés de florence et de marcelline, par la raison que la couleur brillante employée pour trame éteint trop la couleur verte.

2e SECTION. *Étoffes glacées à trame bicolore.*

124. Évidemment les glacés à trame bicolore sont moins nombreux que les glacés à trame d'une seule couleur, et le nombre des premiers, qu'on peut être intéressé à confectionner, en raison de la beauté de leurs effets, se trouve encore restreint, parce que l'alliance d'une trame bicolore avec une chaîne noire, blanche ou grise, fait sortir le glacé qui en résulte, de la condition spéciale du caméléon, pour le mettre

dans celle du glacé proprement dit, dont les éléments du tissu ne présentent, quand ils sont séparés, que deux couleurs, au lieu de trois, que présentent ceux du caméléon.

Avant de parler d'une manière spéciale des différents groupes de caméléons, j'exprimerai le regret de ne pouvoir présenter une série d'observations comparatives faites à l'instar de celles qui ont porté sur les glacés gros de Naples à trame d'une seule couleur.

1er GROUPE. *Caméléons à chaîne noire.*

125. Je vais exposer les observations que m'ont offertes trois échantillons de caméléons à chaîne noire.

A. CAMÉLÉON A CHAÎNE NOIRE ET A TRAME ROUGE ET VERTE.

Première position.

Circonstance 1re de *b* en *a*, suivant l'angle de la vision, gris, gris rougeâtre ou gris verdâtre.

— 2e de *a* en *b*, suivant la position de la trame, rouge brillant ou vert terne.

Deuxième position.

— 3e de *b* en *a*, noir gris plus foncé que 1, rougeâtre ou verdâtre.

— 4e de *a* en *b*, noir brun terne.

B. CAMÉLÉON A CHAÎNE NOIRE ET A TRAME BLEUE ET ORANGÉE.

Première position.

— 1re de *b* en *a*, suivant l'ouverture de l'angle de la vision, gris, gris orangé, gris bleuâtre.

— 2e de *a* en *b*, suivant la position de la trame, orangé assez brillant, quoique peu intense, ou bleu assez brillant et peu intense.

Deuxième position.

Circonstance 3e de *b* en *a*, noir gris plus foncé que 1, plus ou moins rougeâtre ou violâtre.

— 4e de *a* en *b*, noir brun terne.

C. CAMÉLÉON A CHAÎNE NOIRE ET A TRAME ORANGÉE ET VERTE.

Première position.

— 1re de *b* en *a*, suivant l'ouverture de l'angle de la vision, gris, gris orangé, gris verdâtre.

— 2e de *a* en *b*, suivant la position de la trame, orangé rougeâtre assez brillant ou vert jaunâtre pauvre.

Deuxième position.

— 3e de *b* en *a*, gris plus foncé que 1, sale.

— 4e de *a* en *b*, noir brun terne.

CONCLUSION.

Dans la 1re, la 3e et la 4e circonstance, effets mauvais relativement aux éléments employés, considérés isolément.

Dans la 2e circonstance, seulement deux effets de couleur distincte, dont l'un peut être médiocre ou mauvais.

2e GROUPE. *Caméléons à chaîne blanche.*

126. Je n'ai observé que deux caméléons à chaîne blanche.

1er EXEMPLE. — CAMÉLÉON A CHAÎNE BLANCHE ET A TRAME ROUGE ET BLEUE.

Première position.

Circonstance 1re de *b* en *a*, gris lilas plus ou moins bleu ou plus ou moins rougeâtre, suivant l'angle de vision et la position de la trame à l'égard de la lumière.

— 2e de *a* en *b*, rouge violeté brillant ou bleu violet franc.

Deuxième position.

— 3e de *b* en *a*, gris lilas moins clair peut-être que 1.

— 4e de *a* en *b*, blanc terne légèrement violâtre ou lilas.

2e EXEMPLE. — CAMÉLÉON A CHAÎNE BLANCHE ET A TRAME ROUGE ET JAUNE.

Première position.

— 1re de *b* en *a*, gris orangé plus ou moins rougeâtre ou jaunâtre, suivant l'angle de vision et la position de la trame à l'égard de la lumière.

— 2e de *a* en *b*, rouge franc ou jaune brillant.

Deuxième position.

— 3e de *b* en *a*, gris plus rougeâtre ou plus jaunâtre et moins terne que 1.

— 4e de *a* en *b*, blanc terne légèrement orangé.

CONCLUSION.

(*a*) Les deux caméléons précédents ont l'avantage, sur les gros de Naples glacés à chaîne blanche et à trame violette ou orangée, de présenter les deux couleurs de leur trame isolément dans des circonstances correspondant à la 2e.

(*b*) Comparés chacun à des gros de Naples glacés composés de leurs deux couleurs respectives, ils ont l'avantage de présenter les deux couleurs de leur trame également brillante, tandis que les glacés à trame monochrome, lorsqu'ils présentent leur chaîne au spectateur, n'ont pas le même brillant qu'en montrant leur trame (83 *d*).

3e GROUPE. *Caméléon à chaîne d'un gris normal.*

127. J'en ai observé trois.

1er EXEMPLE. — CAMÉLÉON A CHAÎNE D'UN GRIS NORMAL ET A TRAME ROUGE ET BLEUE.

Première position.

Circonstance 1re de b en a, gris violet plus ou moins { rouge / bleu / gris, } suivant l'angle de vision et la position de la trame.

— 2e de a en b, rouge violet ou bleu violeté francs et brillants.

Deuxième position.

— 3e de b en a, gris violet, terne.

— 4e de a en b, gris violet, plus clair que 1 et 3.

2e EXEMPLE. — CAMÉLÉON A CHAÎNE D'UN GRIS NORMAL ET A TRAME VERTE ET ORANGÉE.

Première position.

— 1re de b en a, gris verdâtre ou orangeâtre sale.

— 2e de a en b, orangé brillant, vert brillant, mais pauvre de couleur.

Deuxième position.

— 3e de b en a, gris verdâtre ou orangeâtre plus gris, plus sale que 1.

— 4e de a en b, gris clair.

3e EXEMPLE. — CAMÉLÉON A CHAÎNE D'UN GRIS NORMAL, A TRAME ROUGE ET VERTE.

(La partie rouge de la trame dominait sur la partie verte.)

Première position.

— 1re de b en a, gris plus ou moins rougeâtre.

— 2e de a en b, rouge brillant pur, vert très-pâle.

Deuxième position.

— 3e de b en a, gris moins rougeâtre, plus sombre que 1.

— 4e de a en b, gris rougeâtre clair.

CONCLUSION.

(a) Les deux premiers caméléons ont l'avantage, sur les gros de Naples glacés à chaîne grise et à trame violette ou vert-jaune, de présenter les deux couleurs de leur trame isolément, dans des circonstances correspondant à la 2e.

Le troisième caméléon a un avantage analogue sur le gros de Naples à chaîne grise glacé de rouge ou de vert.

(*b*) Enfin les caméléons à chaîne d'un gris normal ont, sur les gros de Naples à trame monochrome, l'avantage de présenter deux couleurs de trame qui peuvent être également brillantes, au lieu d'une seule que les derniers présentent.

4e GROUPE. *Caméléons à chaîne d'un gris de couleur.*

128. Je citerai cinq exemples.

1er EXEMPLE. — CAMÉLÉON A CHAÎNE D'UN GRIS VERDATRE TRÈS-PALE ET A TRAME ROUGE ET BLEUE.

Première position.

Circonstance 1re de *b* en *a*, gris violâtre plus ou moins rougeâtre.
— 2e de *a* en *b*, bleu violeté ou rouge violeté francs et brillants.

Deuxième position.

— 3e de *b* en *a*, gris violâtre plus terne que 1.
— 4e de *a* en *b*, gris blanchâtre très-légèrement violâtre.

2e EXEMPLE. — CAMÉLÉON A CHAÎNE D'UN GRIS VERDATRE TRÈS-PALE ET A TRAME ORANGÉE ET VIOLETTE.

Première position.

— 1re de *b* en *a*, gris de cuivre.
— 2e de *a* en *b*, orangé et violet rouge francs et brillants.

Deuxième position.

— 3e de *b* en *a*, gris de cuivre plus foncé que 1.
— 4e de *a* en *b*, gris violâtre clair.

3e EXEMPLE. — CAMÉLÉON A CHAÎNE D'UN GRIS VIOLATRE CLAIR ET A TRAME ORANGÉE ET VERTE.

Première position.

Circonstance 1re de *b* en *a*, gris jaunâtre ou violâtre.
— 2e de *a* en *b*, orangé brillant, vert brillant, mais pauvre de couleur.

Deuxième position.

— 3e de *b* en *a*, gris jaunâtre ou violâtre un peu plus foncé peut-être que 1.
— 4e de *a* en *b*, gris pâle très-légèrement violâtre.

4e EXEMPLE. — CAMÉLÉON A CHAÎNE D'UN GRIS JAUNE ORANGÉ FONCÉ ET A TRAME ROUGE ET BLEUE.

Première position.

— 1re de *b* en *a*, violet rabattu.
— 2e de *a* en *b*, rouge violeté, bleu violet francs et brillants.

Deuxième position.

— 3e de *b* en *a*, orangé très-rabattu.
— 4e de *a* en *b*, orangé rabattu, couleur de la chaîne presque pure.

5e EXEMPLE. — CAMÉLÉON A CHAÎNE D'UN GRIS ROUGE FONCÉ ET A TRAME ORANGÉE ET VERTE.

Première position.

— 1re de *b* en *a*, gris verdâtre foncé, plus ou moins jaunâtre suivant l'angle, etc.
— 2e de *a* en *b*, orangé brun, vert jaunâtre brillants.

Deuxième position.

— 3e de *b* en *a*, gris rougeâtre sombre bien plus foncé que 1.
— 4e de *a* en *b*, gris rougeâtre plus sombre que 3.

CONCLUSION.

Des observations faites sur les caméléons des groupes précédents, et principalement sur les caméléons du 3e groupe, il est facile, en y réunissant celles que je viens de rapporter, de tirer des conséquences utiles pour le choix des couleurs de caméléons appartenant à ce groupe.

5e GROUPE. *Caméléons à chaîne de couleur.*

129. (*a*) Le caméléon de ce groupe, qui présente les effets les plus étonnants aux personnes qui voient pour la première fois des glacés à trame bicolore, est sans doute celui dont j'ai expliqué les effets (86), puisque sa chaîne de couleur bleu tendre et sa trame composée de rouge et de jaune comprennent les trois couleurs primitives, et peuvent les offrir aux regards parfaitement distinctes.

(*b*) Un caméléon qui ne diffère du précédent que par des couleurs pures à un ton plus haut, la chaîne étant de bleu-Napoléon, produit un bel effet; mais je ne le préfère pas à celui du caméléon précédent (*a*).

(*c*) CAMÉLÉON A CHAÎNE BLEU-NAPOLÉON ET A TRAME VERTE ET ROUGE.

Première position.

Circonstance 1re de *b* en *a*, gris sale ardoisé ou gris violâtre, suivant l'angle de la vision et la position de la trame.
— 2e de *a* en *b*, rouge violet brillant, vert brillant, mais appauvri.

Deuxième position.

— 3e de *b* en *a*, bleu gris.
— 4e de *a* en *b*, bleu mat, mais assez pur.

La prédominance du bleu, et, lorsque celui-ci n'apparaît pas isolément, le mélange du bleu et du rouge, rendent compte, ce me semble, de l'appauvrissement du vert, dans le cas où celui-ci se montre.

Une trame de deux couleurs complémentaires ne me paraît pas bonne en général, parce qu'il est impossible qu'il n'y ait pas, dans beaucoup de cas, une neutralisation des deux couleurs.

(*d*) CAMÉLÉON A CHAÎNE BLEU-NAPOLÉON ET A TRAME VERTE ET ORANGÉE.

Première position.

Circonstance 1re de *b* en *a*, gris sale bleuâtre, verdâtre ou orangeâtre, suivant l'angle de vision et la position de la trame.

— 2e de *a* en *b*, orangé brillant, vert brillant, mais pauvre de couleur, moins cependant que si la trame était rouge et verte.

Deuxième position.

— 3e de *b* en *a*, gris sale plus brun, plus violâtre que 1.

— 4e de *a* en *b*, bleu mat, mais assez pur.

(*e*) CAMÉLÉON A CHAÎNE BLEU-NAPOLÉON ET A TRAME VERTE ET JAUNE.

Première position.

— 1re de *b* en *a*, gris sale terne.

— 2e de *a* en *b*, vert brillant, moins pauvre que le précédent (*d*), jaune brillant.

Deuxième position.

— 3e de *b* en *a*, gris sale plus bleu que 1.

— 4e de *a* en *b*, bleu mat.

L'effet de ce caméléon serait meilleur avec un bleu moins foncé; quoi qu'il en soit, le vert est plus beau que dans les précédents, à cause de l'absence du rouge.

(*f*) CAMÉLÉON A CHAÎNE VERT CLAIR ET A TRAME ROUGE ET D'UN JAUNE ORANGÉ.

Ce caméléon, dont les tons de couleur de la chaîne et de la trame sont les mêmes que ceux du caméléon (*a*), ou à peu près, lui est certainement inférieur.

(*g*) CAMÉLÉON A CHAÎNE VERT FONCÉ ET A TRAME ROUGE ET BLEUE.

Première position.

Circonstance 1re de *b* en *a*, gris verdâtre ou violâtre, suivant l'angle de vision et la position de la trame.

— 2e de *a* en *b*, violet brillant, bleu violet.

Deuxième position.

— 3e de *b* en *a*, vert grisâtre.

— 4e de *a* en *b*, vert clair assez pur.

La trame, composée de deux couleurs non complémentaires, est d'un meilleur effet que si le rouge était remplacé par l'orangé; cependant le vert de la chaîne est trop foncé.

(*h*) CAMÉLÉON A CHAÎNE VERT FONCÉ ET A TRAME ORANGÉE ET VIOLETTE.

Première position.

Circonstance 1re de *b* en *a*, gris sale.
— 2e de *a* en *b*, orangé brillant, violet brillant.

Deuxième position.

— 3e de *b* en *a*, vert grisâtre.
— 4e de *a* en *b*, vert clair assez pur.

Quoique d'un bel effet dans la 2e circonstance, cependant l'orangé nuit au violet.

(*i*) CAMÉLÉON A CHAÎNE D'UN VIOLET CLAIR ET A TRAME VERTE ET JAUNE ORANGÉ.

Première position.

Circonstance 1re de *b* en *a*, gris violâtre.
— 2e de *a* en *b*, orangé brillant, vert brillant, mais très-pauvre.

Deuxième position.

— 3e de *b* en *a*, gris violâtre plus bleuâtre que 1.
— 4e de *a* en *b*, violet clair.

(*j*) CAMÉLÉON A CHAÎNE D'UN VIOLET CLAIR ET A TRAME VERTE ET JAUNE.

Les effets de ce caméléon sont identiques avec le précédent, sauf que le vert est d'un effet plus satisfaisant, par la raison que le jaune peut s'y ajouter sans le ternir, ce qui n'est pas le cas de l'orangé du caméléon précédent (*i*).

Préférable au précédent.

(*k*) CAMÉLÉON A CHAÎNE D'UN VIOLET FONCÉ ET A TRAME VERTE ET JAUNE.

Première position.

Circonstance 1re de *b* en *a*, gris violâtre.
— 2e de *a* en *b*, jaune orangé brillant, vert brillant pauvre, mais moins que si la trame était orangée.

Deuxième position.

Circonstance 3e de *b* en *a*, gris violâtre plus foncé que 1.
— 4e de *a* en *b*, violet éclairé pur.

Caméléon d'un bel effet.

CONCLUSION.

Les caméléons à chaîne de couleur claire m'ont paru généralement inférieurs en beauté aux caméléons des mêmes couleurs prises à des tons plus élevés.

Les caméléons dont la trame se compose de deux couleurs complémentaires ne m'ont pas paru d'un aussi bon effet que ceux qui sont dans le cas contraire. Cependant je ferai la remarque que des trames composées de deux couleurs très-voisines, comme du bleu et du vert, dans lequel le jaune est loin de dominer, ne sont pas d'un bel effet, comme caméléon bien entendu, surtout avec une chaîne violette, qui, par sa teinte, est très-proche du bleu de la trame.

De toutes les couleurs entrant dans la composition de la trame des caméléons que j'ai examinés, le vert est celle qui, vue dans la 2e circonstance, a le plus perdu d'intensité.

TROISIÈME POINT DE VUE.

Étude au 3e point de vue.

Des étoffes unies monochromes et des étoffes glacées relativement à l'apprêt de la moire.

DES ÉTOFFES MOIRÉES.

131. On donne le nom de *moire* à des dessins produits au moyen d'une pression appliquée convenablement à des étoffes à côtes. La moire de soie est supérieure à celles de la laine, du fil et du coton.

132. Pour qu'une moire soit belle, les côtes de l'étoffe doivent avoir une certaine saillie, et, pour la produire, la pression à laquelle l'étoffe est soumise doit agir inégalement sur les diverses parties d'une même côte et obliquement à son axe, comme je l'expliquerai plus bas.

133. Cette pression peut être celle d'une presse, entre les plateaux de laquelle on met l'étoffe, après l'avoir ployée endroit contre endroit, de sorte que les côtes se regardent.

La pression peut être donnée, non plus à la fois sur toutes les parties de l'étoffe, ainsi que cela a lieu lorsqu'on fait usage de la presse, mais successivement au moyen de deux cylindres faisant fonction de laminoir : l'un est formé de disques de carton superposés et maintenus fixement sur un axe inflexible; l'autre cylindre est de laiton et susceptible de recevoir intérieurement des fers chauds ou un courant de vapeur pour en élever la température à un degré convenable.

134. La moire présente des dessins différents, suivant que l'étoffe est pressée après avoir été ployée en deux dans le sens longitudinal, ou après l'avoir été plusieurs fois dans le sens transversal, ou encore lorsqu'on a pressé deux pièces parfaitement semblables endroit contre endroit. Enfin des tractions ou des tiraillements exercés perpendiculairement à l'axe des côtes en des points symétriquement placés, apportent des modifications à la moire, en produisant des ondulations dans la direction de cet axe primitivement rectiligne.

La moire d'église est produite par la presse et à froid. L'étoffe est ployée dans le sens longitudinal.

135. On peut encore obtenir la moire au moyen d'une molette à dessins gravés. On recourt à ce procédé lorsqu'il s'agit de moirer des étoffes étroites ou de simples bandes faisant partie d'étoffes façonnées.

136. *Théorie.* — Si les côtes des deux faces de l'endroit qui se voient s'appliquaient exactement les unes contre les autres, qu'il s'agisse d'une seule étoffe ployée sur elle-même, soit dans le sens transversal, soit dans le sens longitudinal, ou qu'il s'agisse encore de deux étoffes pareilles appliquées l'une contre l'autre, il ne se produirait pas de moire, dans le cas où chaque côte, parfaitement homogène, n'exerçerait con-

tre la côte qui la regarde et ne recevrait de celle-ci que des pressions qui seraient à la fois et *perpendiculaires* aux axes des côtes supposés compris dans un même plan, et distribuées symétriquement, relativement aux demi-anneaux des côtes formés par la chaîne dans les gros de Naples. Je cite ces tissus comme éminemment propres à recevoir l'apprêt de la moire : il n'y aurait alors qu'un simple aplatissement, un simple écrasement des parties saillantes, et l'étoffe tendrait conséquemment à se confondre avec les tissus à surface unie.

Mais cette double condition d'homogénéité des côtes et de pressions perpendiculaires aux axes de celles-ci, ne pouvant être réalisée dans la pratique, une côte, en s'appliquant contre une autre ou contre elle-même, exerce, dans le sens de sa longueur, des pressions inégales et obliques à son axe, en même temps qu'elle reçoit de semblables pressions de la côte qu'elle regarde; dès lors la symétrie initiale des diverses parties de chaque côte se trouve ainsi dérangée.

137. Avant d'examiner les effets optiques d'un ensemble de côtes constituant une étoffe moirée, je décrirai les modifications qu'une seule côte a éprouvées dans toute sa longueur par le procédé qui donne la moire.

138. La modification essentielle qu'une côte a reçue de ce procédé, c'est qu'au lieu de présenter à l'endroit, comme elle le faisait avant d'avoir été moirée, une surface partout identique et cylindrique à sillons fins transversaux, elle affecte une forme prismatique

apparaissant sous des aspects divers dans ses différentes parties, et la côte, au lieu d'être rectiligne, est ondulée.

Ainsi, lorsque, faisant face au jour, on a placé sur un plan horizontal une étoffe dont les côtes sont perpendiculaires au plan de la lumière, en regardant une seule côte de cette étoffe, il en est une portion qui apparaît sous la forme d'un angle dièdre, dont une des faces peut être complétement éclairée, tandis que l'autre reste obscure; une seconde portion de cette même côte présente une face plane horizontale ou peu inclinée, qui permet particulièrement d'observer l'effet de la pression sur l'ensemble des fils perpendiculaires aux côtes qui constituaient avant la moire des demi-anneaux. En effet, ceux-ci, par l'aplatissement qu'ils ont subi, forment une série de petites ellipses brillantes et comme satinées. Enfin ces deux portions aboutissent chacune à une troisième qu'on dirait avoir été tordue, à cause de la manière dont elle réfléchit la lumière, mais qui, en réalité, par suite de la pression qu'elle a subie obliquement à son axe de la part d'une côte arrondie, apparaît comme un sillon dont une extrémité semble renversée en avant, tandis que l'autre semble l'être en arrière. On peut apercevoir à la loupe les petites ellipses soyeuses du sillon pliées en deux dans le sens de leur petit diamètre.

139. En tirant d'une moire de gros de Naples à gros grains les fils de la trame qui forment l'intérieur d'une côte, on voit l'ensemble de ces fils comprimé,

prismatique, tordu, et en outre sillonné perpendiculairement à sa longueur par l'effet de la pression que lui ont fait éprouver les anneaux qui la couvraient partiellement à l'endroit, aussi bien qu'à l'envers.

140. Les diverses côtes d'une étoffe non moirée étant toutes parallèles entre elles et dépendantes les unes des autres comme parties d'un même système de tissu, il y aura toujours des parties contiguës appartenant à des côtes différentes, qui éprouveront nécessairement d'une même action des modifications semblables et dans un même sens; ajoutez l'effet des tractions ou tiraillements en des points symétriquement choisis sur la longueur d'une côte qu'on pourra exercer perpendiculairement à l'axe de cette côte, et vous concevrez aisément comment ces parties contiguës et dépendant les unes des autres, éprouvant la même modification, présenteront des zones d'une certaine largeur et d'une certaine symétrie.

141. L'examen que vous ferez à la loupe d'une étoffe moirée placée sur un plan horizontal, de manière que les côtes en soient perpendiculaires au plan de la lumière incidente, vous convaincra de ce que je dis. Toutes les parties fortement ombrées apparaîtront comme la face postérieure d'un certain nombre d'angles dièdres de côtes contiguës; les parties demiombrées se rapporteront à des portions de faces antérieures et de faces postérieures d'angles dièdres, devenues visibles par l'inclinaison que ces portions de côtes ont reçue de la pression à laquelle elles ont été soumises; enfin vous remarquerez que les parties les

plus lumineuses appartiennent à des portions de côtes qui, ayant été fortement comprimées, montrent la face horizontale ou peu inclinée d'un prisme aplati couché.

142. En regardant une étoffe moirée à l'envers, la moire est parfaitement visible, quoiqu'il n'y ait pas dans les saillies des diverses parties d'une même côte la même inégalité qu'à l'endroit. On distingue en outre parfaitement l'ondulation que l'axe de la côte, primitivement rectiligne, a subie par l'effet de la moire.

143. Nous ferons deux divisions d'étoffes moirées : la première comprendra les *étoffes monochromes moirées*, et la deuxième, les *étoffes glacées moirées*.

Ire DIVISION.

ÉTOFFES MONOCHROMES MOIRÉES.

144. Je suivrai la marche précédente, j'examinerai comparativement deux échantillons d'une même pièce moirée dans les quatre circonstances où mes observations ont été faites, et je préviens que, dans la 1re position, l'axe de chaque côte est perpendiculaire au plan de la lumière incidente, tandis que dans la 2e position cet axe est compris dans un même plan. Les moirés dont je vais parler sont des gros de Naples de qualité supérieure, et à côtes prononcées convenablement pour recevoir du moiré toute la beauté que cette opération est capable d'ajouter aux étoffes monochromes.

MOIRE BLANCHE.

Première position.

Circonstance 1re de *b* en *a*. Fond d'un blanc *mat*, moire ombrée.
(*Contraste de ton au maximum.*)

— 2e de *a* en *b*. Fond blanc ombré, moire grise ombrée.
(*Maximum d'ombre.*)

Deuxième position.

— 3e de *b* en *a*. Fond blanc grisâtre *luisant*, moire ombrée.

— 4e de *a* en *b*. Fond *blanc de lait*, moire peu ombrée, contraste de ton moindre que 2.
(*Maximum de clarté.*)

Les effets sont les mêmes, soit que la moire ait été produite en ployant l'étoffe dans le sens transversal, ou qu'elle l'ait été en ployant l'étoffe dans le sens longitudinal, comme on le fait pour la moire d'église.

MOIRE NOIRE.

Première position.

Circonstance 1re de *b* en *a*. Fond d'un gris brun, moire d'un noir gris, *contraste de ton très-prononcé;* mais on peut difficilement assurer s'il est plus fort que 3.

— 2e de *a* en *b*. Noir si intense que la moire ne paraît pas ou presque pas.
(*Maximum d'ombre.*)

Deuxième position.

— 3e de *b* en *a*. Fond luisant d'un gris brun plus foncé que 1, moire noire ; le contraste de ton est peut-être égal à 1.

— 4e de *a* en *b*. Fond noir, moire d'un gris clair.
(*Maximum de clarté.*)

MOIRE GRISE.

Première position.

— 1re de *b* en *a*. Fond gris clair mat, moire ombrée.
(*Contraste de ton au maximum.*)

— 2e de *a* en *b*. Fond fortement ombré, moire peu apparente.
(*Maximum d'ombre.*)

Deuxième position.

— 3e de *b* en *a*. Fond gris luisant, moins bleuâtre que 1, moire ombrée, contraste de ton peu différent de 1.

— 4e de *a* en *b*. Gris bleuâtre lumineux, moire peu prononcée.
(*Maximum de clarté.*)

MOIRE ROSE.

Première position.

Circonstance 1re de *b* en *a*. Fond rose clair, moire ombrée.
(*Contraste de ton au maximum.*)

— 2e de *a* en *b*. Fond rose, moire rose foncé.
(*Maximum d'ombre.*)

Deuxième position.

— 3e de *b* en *a*. Fond lie de vin, désagréable, moire ombrée, verdâtre, contraste de ton presque égal à 1.

— 4e de *a* en *b*. Fond blanc rosé, moire d'un gris léger.
(*Maximum de clarté.*)

MOIRE ROUGE.

Première position.

— 1re de *b* en *a*. Fond rouge clair, moire d'un rouge foncé.
(*Maximum de contraste de ton.*)

— 2e de *a* en *b*. Fond rouge foncé, moire à peine sensible.
(*Maximum d'ombre.*)

Deuxième position.

— 3e de *b* en *a*. Fond rouge cramoisi *luisant*, moire ombrée, contraste de ton bien moindre que 1.

— 4e de *a* en *b*. Fond rouge très-clair, moire à peine sensible.
(*Maximum de clarté.*)

MOIRE ORANGÉ CLAIR.

Première position.

— 1re de *b* en *a*. Fond clair orangé, moire ombrée.
(*Maximum de contraste de ton.*)

— 2e de *a* en *b*. Fond ombré, moire plus ombrée que 1.
(*Maximum d'ombre.*)

Deuxième position.

— 3e de *b* en *a*. Fond luisant, orangé terne, moire ombrée, contraste de ton inférieur à 1.

— 4e de *a* en *b*. Fond orangé clair, moire légèrement ombrée.
(*Maximum de clarté.*)

MOIRE ORANGÉE.

Première position.

— 1re de *b* en *a*. Fond orangé vif, moire ombrée.
(*Maximum de contraste de ton.*)

— 2e de *a* en *b*. Fond orangé brun, moire peu prononcée.
(*Maximum d'ombre.*)

Deuxième position.

— 3e de *b* en *a*. Fond luisant, orangé un peu gris. Contraste de ton inférieur à 1.

— 4e de *a* en *b*. Fond orangé lumineux, moire prononcée.
(*Maximum de clarté.*)

MOIRE JAUNE.

Première position.

Circonstance 1re de *b* en *a*. Fond jaune clair, moire prononcée. (*Maximum de contraste de ton.*)

— 2e de *a* en *b*. Fond jaune très-foncé, moire sensible. (*Maximum d'ombre.*)

Deuxième position.

— 3e de *b* en *a*. Fond luisant, jaune un peu gris, contraste de ton inférieur à 1.

— 4e de *a* en *b*. Fond encore plus franc que 3, moire sensible. (*Maximum de clarté.*)

MOIRE VERT CLAIR.

Première position.

— 1re de *b* en *a*. Fond vert clair franc, moire ombrée. (*Maximum de contraste de ton.*)

— 2e de *a* en *b*. Fond très-ombré, moire à peine sensible. (*Maximum d'ombre.*)

Deuxième position.

— 3e de *b* en *a*. Fond d'un vert plus ombré que 1, moire ombrée, contraste de ton presque égal à 1.

— 4e de *a* en *b*. Fond d'un vert clair, moire sensible. (*Maximum de clarté.*)

MOIRE VERTE.

Première position.

— 1re de *b* en *a*. Fond vert bleuâtre, moire très-ombrée. (*Contraste de ton au maximum.*)

— 2e de *a* en *b*. Fond vert foncé, moire encore sensible. (*Maximum d'ombre.*)

Deuxième position.

— 3e de *b* en *a*. Fond vert moins bleuâtre que 1 et plus gris, moire moins prononcée que 1.

— 4e de *a* en *b*. Fond vert clair, moire moins prononcée que 3. (*Maximum de clarté.*)

MOIRE BLEU CLAIR.

Première position.

— 1re de *b* en *a*. Fond bleu-verdâtre, moire ombrée. (*Contraste de ton au maximum.*)

— 2e de *a* en *b*. Fond bleu foncé, moire encore sensible. (*Maximum d'ombre.*)

Deuxième position.

Circonstance 3e de *b* en *a*. Fond bleu légèrement ardoisé luisant, contraste de ton moindre que 1.

— 4e de *a* en *b*. Fond bleu très-clair, moire sensible. (*Maximum de clarté.*)

MOIRE BLEU FONCÉ.

Première position.

— 1re de *b* en *a*. Fond bleu violeté, moire foncée. (*Contraste de ton au maximum.*)

— 2e de *a* en *b*. Fond bleu violeté très-foncé, moire à peine sensible. (*Maximum d'ombre.*)

Deuxième position.

— 3e de *b* en *a*. Fond bleu luisant, moins violet, plus foncé que 1, contraste de ton moindre.

— 4e de *a* en *b*. Fond bleu bien plus clair que 1 et plus franc, moire apparente. (*Maximum de clarté.*)

MOIRE D'UN VIOLET CLAIR.

Première position.

— 1re de *b* en *a*. Fond d'un violet clair, moire ombrée. (*Contraste de ton au maximum.*)

— 2e de *a* en *b*. Violet foncé, moire à peine sensible. (*Maximum d'ombre.*)

Deuxième position.

— 3e de *b* en *a*. Fond luisant, violet terne, moire peu prononcée.

— 4e de *a* en *b*. Fond violet très-clair, moire sensible. (*Maximum de clarté.*)

MOIRE D'UN VIOLET FONCÉ.

Première position.

— 1re de *b* en *a*. Fond d'un violet clair, moire très-prononcée.

— 2e de *a* en *b*. Fond d'un violet très-foncé, moire à peine sensible. (*Maximum d'ombre.*)

Deuxième position.

— 3e de *b* en *a*. Fond luisant d'un violet plus foncé un peu moins rougeâtre que 1, moire aussi prononcée.

— 4e de *a* en *b*. Fond d'un violet clair, moire sensible. (*Maximum de clarté.*)

Moires de couleurs rabattues.

MOIRE D'UN ROUGE FONCÉ COULEUR DE GRENAT.

Première position.

— 1re de *b* en *a*. Fond couleur rouge très-affaiblie, moins dans les clairs, moire très-ombrée.
(*Maximum de contraste de ton.*)

— 2e de *a* en *b*. Ton de couleur si élevé que la moire est presque insensible.
(*Maximum d'ombre.*)

Deuxième position.

— 3e de *b* en *a*. Fond luisant, couleur rouge intense, contraste de ton moindre que 1, quoique très-prononcé.

— 4e de *a* en *b*. Fond rouge cuivré mat, bien plus clair que 1.
(*Maximum de clarté.*)

MOIRE D'UN ORANGÉ JAUNE FORTEMENT RABATTU.

Première position.

— 1re de *b* en *a*. Fond gris-rougeâtre.
(*Contraste de ton au maximum.*)

— 2e de *a* en *b*. Brun foncé, moire sensible encore.
(*Maximum d'ombre.*)

Deuxième position.

— 3e de *b* en *a*. Fond luisant, brun-orangé, contraste de ton un peu moindre que 1.

— 4e de *a* en *b*. Fond gris-orangé clair, moire sensible.
(*Maximum de clarté.*)

MOIRE D'UN JAUNE CLAIR TRÈS-RABATTU.

Première position.

— 1re de *b* en *a*. Fond d'un gris jaune clair, moire prononcée.
(*Maximum de contraste de ton.*)

— 2e de *a* en *b*. Gris jaune très-foncé, moire sensible.
(*Maximum d'ombre.*)

Deuxième position.

— 3e de *b* en *a*. Gris luisant plus foncé que 1, contraste de ton un peu moindre.

— 4e de *a* en *b*. Gris presque blanc, moire à peine sensible. Il faut voir ce résultat pour avoir une idée juste de ce qu'une couleur rabattue peut perdre de son ton par la lumière blanche qu'elle est susceptible de réfléchir dans certaines positions.
(*Maximum de clarté.*)

MOIRE MARRON.

Première position.

Circonstance 1re de *b* en *a*. Fond d'un gris clair à peine coloré, moire très-prononcée.
(*Contraste de ton au maximum.*)

— 2e de *a* en *b*. Marron si foncé qu'il semble noir.
(*Maximum d'ombre.*)

Deuxième position.

— 3e de *b* en *a*. Fond luisant, marron-rougeâtre, contraste de ton très-prononcé, mais moindre que 1.

— 4e de *a* en *b*. Gris clair à peine rougeâtre, moire sensible.
(*Maximum de clarté.*)

CONCLUSION.

145. Les gros de Naples monochromes moirés sont analogues, par leurs effets optiques généraux, aux gros de Naples non moirés, puisqu'ils apparaissent, comme ceux-ci, avec le *maximum d'ombre* dans la 2e circonstance, et avec le *maximum de clarté* dans la 4e (68).

146. Le *maximum de contraste de ton*, entre la moire et le fond sur lequel elle se détache, existe généralement dans la 1re circonstance. Cependant la moire se montre avec une telle vigueur d'ombre dans la 3e que, malgré le gris du fond, il peut y avoir des cas d'incertitude pour savoir si le contraste de ton n'atteint pas à celui qu'on observe dans la 1re circonstance, où le fond, loin d'être ombré, paraît d'un blanc mat si l'étoffe est blanche, et d'une couleur claire, le plus souvent pure, si elle est colorée.

147. Lorsqu'on tourne le dos au jour, les gros de Naples monochromes moirés, vus dans la 2e circonstance avec le *maximum d'ombre*, présentent une

moire peu apparente, surtout si l'étoffe est noire, de couleur foncée ou même blanche. Dans la 4e circonstance, ils montrent, avec le *maximum de clarté,* une couleur très-affaiblie s'ils sont colorés, et, par suite, une moire dont le contraste avec le fond est peu prononcé.

IIe DIVISION.

ÉTOFFES GLACÉES MOIRÉES.

INTRODUCTION.

148. Avant de considérer la moire relativement aux étoffes glacées, il convient de définir précisément en quoi elle consiste dans les étoffes monochromes auxquelles on a donné cet apprêt.

149. Incontestablement, d'après le goût de la plupart des hommes pour le dessin en général, la moire ajoute au prix d'une étoffe monochrome, en en variant les aspects, sans pourtant détruire l'homogénéité de l'aspect général. Incontestablement encore l'image d'une moire qui serait reproduite d'une manière *fixe* par une couleur tranchante sur celle de l'étoffe qui servirait de fond, n'aurait pas le même agrément, du moins auprès des personnes de goût. La moire consiste donc essentiellement en un dessin qui ne se détache du fond sur lequel il apparaît que par l'effet d'un simple contraste de ton. Évidemment la moire est le dessin le plus simple qu'on puisse imaginer, puisque l'effet en correspond à celui du

camayeu, qui consistait, dans l'origine, en une image produite par les tons d'une couleur unique. Enfin, ce qui contribue beaucoup à l'agrément de la moire, c'est le déplacement du dessin qu'elle présente avec le changement de position du spectateur à l'égard de l'étoffe. Nul doute que le plaisir résultant de la vue du déplacement du dessin, ou, ce qui rend mieux ma pensée, le plaisir résultant de sa *mobilité apparente*, ne soit conforme à la simplicité même de l'image de la moire.

150. Cela posé, analysons les effets d'une étoffe glacée unie avant de parler de ceux qu'elle présentera après avoir été moirée. Il est évident, par ce qui précède, qu'une étoffe glacée employée conformément à l'usage, non pas tendue à la manière d'une tapisserie, mais plissée comme le sont les étoffes confectionnées en vêtements, offre à la vue des effets variés de couleurs avec les positions où on les observe, et, sous ce rapport, doués de la *mobilité apparente* de la moire, mais sans présenter les dessins ondulés qui sont le caractère essentiel de cette étoffe. Si le plissement d'un tissu moiré n'est pas absolument contraire au bel effet qu'il est dans son essence de produire, cependant on doit reconnaître ici qu'une moire n'apparaît dans toute sa beauté que lorsqu'on en voit une certaine étendue développée, ainsi que cela a lieu pour la moire employée en tenture de luxe et pour celle qui l'est comme *garde* de livre dans les reliures les plus recherchées.

151. En résumé, la moire montre des dessins on-

dulés essentiellement simples, peu tranchants sur le fond où ils apparaissent, et doués en outre d'une apparente mobilité. Le glacé montre des effets de couleur variables avec la position du spectateur, et, sous ce rapport, doués pareillement d'une apparente mobilité; mais ces derniers effets naissant surtout d'un plissement de l'étoffe, et n'atteignant l'intensité dont ils sont susceptibles que quand les surfaces plissées ont chacune une certaine étendue offrant à l'œil des couleurs plus ou moins distinctes de celle du reste du tissu, il s'ensuit que le *glacé ne montre point, comme la moire, un dessin proprement dit, mais des surfaces qui doivent à leur position différente et à leur constitution d'étoffe glacée de pouvoir apparaître avec les couleurs les plus contrastantes.*

C'est dans cette différence essentielle existant entre les effets de la moire et les effets du glacé que réside la possibilité de les réunir dans une même étoffe, sans qu'on soit fondé à affirmer *à priori* que la confusion naîtra nécessairement de cette réunion. Mais la moire ajoutera-t-elle constamment autant d'agrément à une étoffe glacée qu'à une étoffe monochrome, toutes choses étant égales d'ailleurs? C'est une question que je vais traiter, comme toutes les précédentes, en recourant à *la méthode expérimentale comparative*, et c'est après l'observation des faits que je donnerai mes conclusions.

EXAMEN COMPARATIF

DES ÉTOFFES GLACÉES UNIES AVEC LES ÉTOFFES GLACÉES MOIRÉES.

152. Dans cet examen, je suivrai la classification des étoffes glacées unies à trame monochrome, telle qu'elle a été donnée précédemment (88).

1. Glacés composés de noir, de gris ou de blanc.
2. Glacés composés de noir et d'une couleur.
3. Glacés composés de gris et d'une couleur.
4. Glacés composés de blanc et d'une couleur.
5. Glacés composés de couleurs complémentaires.
6. Glacés composés de couleurs non complémentaires.
7. Glacés composés d'une couleur et d'un gris teint de la complémentaire de cette couleur.
8. Glacés composés d'une couleur et d'un gris teint d'une couleur non complémentaire de la première.

J'ajouterai un 9e groupe pour les caméléons moirés.

153. Je jugerai la qualité des effets optiques des étoffes par les qualifications de très-belle, belle, assez belle, médiocre, mauvaise, très-mauvaise.

En mathématiques, pour exprimer qu'une quantité A est plus grande qu'une quantité B, on se sert du signe $>$ dont la pointe regarde la plus petite. Exemple : $A > B$. De même, pour indiquer si, à mon sens, une étoffe glacée unie est supérieure ou inférieure à la même étoffe moirée, je ferai usage de ce signe employé de la même manière, la pointe du signe regardant l'étoffe jugée inférieure : une première colonne comprendra l'énoncé de la composition de l'étoffe glacée; les jugements portés sur l'étoffe unie et sur l'étoffe moirée se trouveront dans une seconde et une troisième colonne. L'absence du signe indiquera que les deux étoffes sont jugées égales, ou, ce qui revient au même, que l'une n'a pas une supériorité décidée sur l'autre. En outre, dans la troisième colonne réservée à l'étoffe glacée moirée, il y aura deux alinéas, dont l'un sera consacré à l'effet produit par la moire, lorsqu'elle est vue dans la position qui y est le plus favorable, et un autre consacré à l'effet produit dans la position où elle apparaît de la manière la plus défavorable.

154. 1er GROUPE. *Glacés composés de noir, de gris ou de blanc.*

	GROS DE NAPLES GLACÉS.	UNIS.		MOIRÉS.
1	chaîne noire. trame grise.	*Assez beau.*	>	*Médiocre.* *Mauvais.*
2	chaîne grise. trame noire.	*Médiocre.*	<	*Médiocre*, parce que la moire est trop noire; mais celle-ci a fait disparaître les barres. *Médiocre.*
3	chaîne noire. trame blanche.	*Médiocre.*	>	*Médiocre ;* la moire n'est pas assez apparente. *Très-mauvais.*
4	chaîne blanche. trame noire.	*Mauvais.*		*Médiocre;* la moire est trop sombre, mais elle a fait disparaître des lignes et des barres.
5	chaîne grise. trame blanche.	*Beau.*		*Beau.* *Assez beau.*
6	chaîne blanche. trame grise.	*Assez beau.*		*Beau.* *Assez beau.*

CONCLUSION.

155. (*a*) Les plus belles moires sont celles dont la chaîne et la trame présentent le moins d'opposition; telles sont :

Chaîne grise. Trame blanche.	Chaîne blanche. Trame grise.

(*b*) Lorsqu'il y a une grande opposition de ton entre la chaîne et la trame, et que le glacé uni présente des lignes ou des barres qui interrompent d'une manière désagréable l'uniformité du mélange des deux tons, la moire pourra être préférable à l'uni, parce qu'elle fera disparaître plus ou moins ces lignes ou ces barres; mais ce n'est pas un motif pour préconiser cette moire comme belle.

156. 2e GROUPE. *Glacés composés de noir et d'une couleur.*

	GROS DE NAPLES GLACÉS.	UNIS.		MOIRÉS.
1	chaîne noire. trame rouge.	*Beau.*	>	*Mauvais.* Moire à peine sensible. *Très-mauvais.*
2	chaîne rouge. trame noire.	*Mauvais.*		*Médiocre.* Moire trop sombre, trop mate. *Supérieur à 1.*
3	chaîne noire. trame orangée.	*Beau.*	>	*Très-mauvais.* Moire à peine sensible, comme effacée. *Très-mauvais.*
4	chaîne orangée. trame noire.	*Très-mauvais.*		*Très-mauvais.* Moire sale. *Très-mauvais.*
5	chaîne noire trame jaune.	*Médiocre.*	>	*Très-mauvais.* Moire à peine sensible, comme effacée. *Très-mauvais.*
9	chaîne jaune. trame noire.	*Très-mauvais.*		*Très-mauvais.* Moir verdâtre sale. *Très-mauvais.*

7	chaîne noire. trame verte.	*Beau.*	>	*Médiocre.* Moire trop indécise. *Médiocre.*
8	chaîne verte. trame noire.	*Médiocre.*	<	*Assez beau.* Moire sombre. *Médiocre.*
9	chaîne noire. trame bleue.	*Beau.*	>	*Médiocre.* *Mauvais.*
10	chaîne bleue. trame noire.	*Médiocre.*	<	*Assez beau.* *Médiocre.*
11	chaîne noire. trame violette.	*Beau.*	>	*Médiocre.* *Mauvais.*
12	chaîne violette. trame noire.	*Médiocre.*	<	*Assez beau.* *Médiocre.*

CONCLUSION.

157. (*a*) Tous les glacés à chaîne noire et à trame de couleur, c'est-à-dire les plus beaux qu'on puisse faire avec le noir et une couleur (97), perdent par l'apprêt de la moire.

(*b*) Le résultat n'est pas le même absolument pour les glacés à chaîne de couleur et à trame noire.

Si la moire n'améliore pas les glacés à chaîne orangée, à chaîne jaune et à trame noire, conformément à ce que nous avons vu déjà pour les glacés du 1er groupe, et si la moire, toutes choses égales d'ailleurs, est d'autant plus belle qu'il y a moins d'opposition entre la couleur du glacé, conformément encore à ce même résultat, on observe que la moire s'applique avec plus d'avantage aux glacés à chaîne verte, à chaîne bleue, à chaîne violette et à trame noire, dont les couleurs présentent peu d'opposition, qu'aux glacés à chaîne orangée, à chaîne jaune et à trame noire, dont les couleurs en présentent une considérable.

(*c*) Enfin, une dernière conséquence de ce qui précède, c'est que des personnes de goût peuvent préférer les glacés à chaîne verte, et surtout à chaîne bleue et violette moirés, aux mêmes glacés non moirés.

158. 3e GROUPE. *Glacés composés de gris et d'une couleur.*

GROS DE NAPLES GLACÉS.		UNIS.		MOIRÉS.
1	chaîne grise. trame rouge	*Beau.*	>	*Médiocre.* Moire trop hétérogène, lie de vin. *Mauvais.* Gris verdâtre.
2	chaîne rouge. trame grise.	*Médiocre.*		*Médiocre.* Moire supérieure à la précédente comme moins hétérogène. *Mauvais.*
3	chaîne grise. trame orangée.	*Très-beau.*	>	*Médiocre.* Moire trop hétérogène. *Mauvais.* Trop ardoisée.
4	chaîne orangée. trame grise.	*Mauvais.*	>	*Mauvais.* *Très-mauvais.*
5	chaîne grise. trame jaune.	*Beau.*	>	*Médiocre.* Moire trop hétérogène. *Très-mauvais.* Terne, comme passé.
6	chaîne jaune. trame grise.	*Mauvais.*	>	*Mauvais.* Moire trop terne et trop sombre. *Très-mauvais.*
7	chaîne grise. trame verte.	*Beau.*	>	*Médiocre.* Trop hétérogène. *Médiocre.*
8	chaîne verte. trame grise.	*Médiocre.*	<	*Assez beau.* *Mauvais.* Moire peu sensible.
9	chaîne grise. trame bleue.	*Beau.*	>	*Assez beau.* *Mauvais.* Moire trop hétérogène.
0	chaîne bleue. trame grise.	*Médiocre.*	<	*Assez beau.* *Mauvais.* Moire peu sensible.
11	chaîne grise. trame violette.	*Beau.*	>	*Assez beau.* *Médiocre.*
12	chaîne violette. trame grise.	*Médiocre.*	<	*Assez beau.* *Mauvais.* Moire peu sensible.

CONCLUSION.

159. *a.* Incontestablement tous les glacés à chaîne grise tramée de couleur, dont la supériorité sur les glacés à chaîne de couleur tramée de gris ne peut être mise en doute, perdent par l'apprêt de la moire. Ils sont donc dans le même cas que les glacés à chaîne noire tramée de couleur.

b. La moire n'ajoute rien à l'effet des glacés à chaîne orangée, à chaîne jaune tramées de gris, à cause de la forte opposition des couleurs alliées.

c. Si la moire n'ajoute pas à la beauté des glacés à chaîne verte, à chaîne bleue et à chaîne violette tramées de gris, d'une manière incontestable pour tous les goûts, certainement personne ne sera d'avis qu'elle leur est absolument nuisible.

160. 4e GROUPE. *Glacés composés de blanc et d'une couleur.*

	GROS DE NAPLES GLACÉS.	UNIS.		MOIRÉS.
1	chaîne blanche. trame rouge.	*Assez beau.*	>	*Assez beau.* *Mauvais.* Moire livide.
2	chaîne rouge. trame blanche.	*Médiocre.*	<	*Assez beau.* *Mauvais.* Moire peu sensible.
3	chaîne blanche. trame orangée.	*Très-beau.*	>	*Assez beau.* *Mauvais.*
4	chaîne orangée. trame blanche.	*Médiocre.*	>	*Mauvais.* *Mauvais.* Moire à peine sensible.
5	chaîne blanche. trame jaune.	*Beau.*	>	*Assez beau.* *Médiocre.*
6	chaîne jaune. trame blanche.	*Médiocre.*		*Médiocre.* *Mauvais.*

7	chaîne blanche. trame verte.	*Beau.*	> *Médiocre.* Moire trop hétérogène. *Mauvais.*
8	chaîne verte. trame blanche.	*Médiocre.*	*Assez beau.* *Mauvais.* Moire peu apparente.
9	chaîne blanche. trame bleue.	*Assez beau.*	> *Médiocre.* Moire trop lourde.
10	chaîne bleue. trame blanche.	*Médiocre.*	*Assez beau.* *Mauvais.* Moire peu apparente.
11	chaîne blanche. trame violette.	*Assez beau.*	> *Assez beau.* *Médiocre.*
12	chaîne violette. trame blanche.	*Médiocre.*	*Assez beau.* *Mauvais.* Moire peu apparente.

CONCLUSION.

161 *a*. Les glacés à chaîne blanche tramée de couleur dont la supériorité sur les glacés à chaîne de couleur tramée de blanc est incontestable, me paraissent décidément perdre plutôt que gagner à l'apprêt de la moire. Cependant je n'affirmerais pas que quelques personnes amateurs de moire ne préférassent quelques glacés à chaîne blanche, particulièrement le glacé à trame violette, aux mêmes glacés unis.

b. Si les glacés moirés à chaîne orangée et à chaîne jaune tramées de blanc sont sans hésitation supérieurs aux glacés moirés correspondants tramés de noir ou de gris, par la raison qu'il y a moins d'opposition entre le blanc et l'orangé et le jaune, qu'entre ces deux dernières couleurs et le gris, et à plus forte raison le noir, cependant on ne peut pas considérer leurs moires comme étant d'un bel effet.

c. Enfin c'est conformément au principe que les moires sont d'autant plus belles, suivant moi, qu'il y a moins d'opposition entre les deux couleurs alliées, que les moires des glacés à chaîne verte, à chaîne bleue et à chaîne violette tramées de blanc, sont inférieures à celles des glacés correspondants tramés de noir et même de gris.

162. 5e GROUPE. *Glacés composés de couleurs complémentaires.*

GROS DE NAPLES GLACÉS.		UNIS.	MOIRÉS.
1	chaîne verte. trame rouge.	*Très-beau.*	> *Beau*, lorsqu'on ne voit que la chaîne. *Médiocre.*
2	chaîne rouge. trame verte.	*Assez beau.*	> *Assez beau*, lorsqu'on ne voit que la chaîne. *Mauvais.*
3	chaîne bleue. trame orangée.	*Très-beau.*	> *Assez beau.* Lorsqu'on ne voit que la chaîne. *Mauvais.*
4	chaîne orangée. trame bleue.	*Médiocre.*	*Mauvais.* *Mauvais.*
5	chaîne violette. trame jaune.	*Très-beau.*	> *Médiocre.* *Très-mauvais.*
6	chaîne jaune. trame violette.	*Mauvais.*	*Médiocre.* *Mauvais.*

CONCLUSION.

163. *a.* Les glacés de couleurs complémentaires, les plus beaux possible, c'est-à-dire ceux dont la chaîne est de la couleur la moins brillante (104) et qui sont au nombre des plus beaux glacés qu'on puisse faire, perdent par l'apprêt de la moire; car, lorsqu'ils apparaissent de la manière la plus avantageuse après l'avoir reçue, c'est comme étoffe monochrome et non comme étoffe glacée.

b. Quant aux glacés à chaîne orangée et à trame bleue, à chaîne jaune et à trame violette, qui sont d'un effet médiocre, si la moire ne leur est pas contraire, elle n'augmente pas la beauté de l'étoffe.

164. 6e GROUPE. *Glacés composés de couleurs non complémentaires.*

1er SOUS-GROUPE. *Glacés composés de deux couleurs binaires.*

GROS DE NAPLES GLACÉS.		UNIS.	MOIRÉS.
1	chaîne verte. trame orangée.	*Très-beau.*	*Beau*, en ne voyant que le vert. *Mauvais.* Moire disparaît.
2	chaîne orangée. trame verte.	*Médiocre.*	*Mauvais.* Moire sale. *Très-mauvais.*
3	chaîne violette. trame orangée.	*Très-beau.*	*Beau*, en ne voyant que le violet. *Mauvais.* Moire à peine visible.
4	chaîne orangée. trame violette.	*Médiocre.*	*Médiocre.* *Mauvais.*
5	chaîne violette. trame verte.	*Très-beau.*	*Assez beau*, en ne voyant que le violet. *Médiocre.*
6	chaîne verte. trame violette.	*Beau.*	*Assez beau*, en ne voyant que le vert. *Médiocre.*

2e SOUS-GROUPE. *Glacés composés d'une couleur binaire et d'une couleur simple.*

GROS DE NAPLES GLACÉS.		UNIS.	MOIRÉS.
1	chaîne rouge. trame orangée.	*Beau.*	*Beau*, quand le rouge apparaît seul. *Médiocre.*
2	chaîne orangée. trame rouge.	*Médiocre.*	*Médiocre.* Moire inférieure à la précédente. *Mauvais.*
3	chaîne violette. trame rouge.	*Très-beau.*	*Assez beau*, à cause de l'homogénéité de la moire. *Assez beau.*
4	chaîne rouge. trame violette.	*Beau.*	*Assez beau.* Moins homogène que 3. *Médiocre.*
5	chaîne orangée. trame jaune.	*Beau.*	*Assez beau*, cependant trop brillant. *Médiocre.*
6	chaîne jaune. trame orangée.	*Assez beau.*	*Médiocre.* *Médiocre.*

7	chaîne verte. trame jaune.	*Très-beau.*	*Beau*, quand le vert apparaît seul. > *Très-mauvais.* Moire peu apparente.
8	chaîne jaune. trame verte.	*Médiocre.*	*Mauvais.* > *Très-mauvais.* Moire terne, sale.
9	chaîne bleue. trame verte.	*Beau.*	*Assez beau*, quand le bleu apparaît seul. > *Médiocre.*
10	chaîne verte. trame bleue.	*Assez beau.*	*Assez beau.* > *Médiocre.*
11	chaîne bleue. trame violette.	*Beau.*	*Beau*, quand le bleu apparaît seul. > *Assez beau.*
12	chaîne violette. trame bleue.	*Beau.*	*Beau*, quand le violet apparaît seul. > *Assez beau.*

3e SOUS-GROUPE. *Glacés composés de deux couleurs simples.*

GROS DE NAPLES GLACÉS.		UNIS.	MOIRÉS.
1	chaîne rouge. trame jaune.	*Beau.*	*Médiocre.* > *Mauvais.*
2	chaîne jaune. trame rouge.	*Médiocre.*	*Mauvais.* Moire sale. > *Mauvais.*
3	chaîne bleue. trame rouge.	*Très-beau.*	*Beau*, à cause de l'homogénéité de la moire. > *Médiocre.*
4	chaîne rouge. trame bleue.	*Beau.*	*Beau*, quand la chaîne apparaît seule. > *Médiocre.*
5	chaîne bleue. trame jaune.	*Très-beau.*	*Médiocre.* > *Très-mauvais.* Moire à peine sensible.
6	chaîne jaune. trame bleue.	*Mauvais.*	*Médiocre.* *Très-mauvais.*

CONCLUSION.

165. *a.* Tous les glacés de couleurs non complémentaires, d'un bel effet par l'opposition de leurs couleurs, perdent de leur agrément lorsqu'on les moire.

b. Les glacés les moins beaux de ce groupe, tels que

ceux à chaîne orangée et à trame verte ou violette, à chaîne jaune et à trame verte ou bleue, ne gagnent pas à être moirés.

c. Si la moire ne nuit pas au glacé, et si même elle peut avoir de l'avantage aux yeux de quelques personnes, c'est dans le cas où les couleurs alliées sont susceptibles de produire par leur mélange une couleur binaire franche : tels sont les glacés à chaîne bleue ou violette et à trame rouge. Mais je ne prétends pas pour cela dire que ces glacés moirés sont d'un plus bel effet que les glacés unis.

7e GROUPE. Glacés composés d'une couleur et d'un gris teint de la complémentaire de cette couleur.

8e GROUPE. Glacés composés d'une couleur et d'un gris teint d'une couleur non complémentaire de la première.

9e GROUPE. Glacés à trame bichrome dits *caméléons*.

166. N'ayant point eu à ma disposition assez d'échantillons unis et moirés de glacés composés d'une couleur franche et de gris colorés ou de couleurs rabattues par du noir, pour les examiner d'une manière comparative comme je viens de le faire à l'égard des glacés compris dans les six groupes précédents, je me trouve dans l'impossibilité de parler des glacés des 7e, 8e et 9e groupes, comme je l'ai fait des autres, par la raison qu'observateur rigide de la règle que je me suis prescrite depuis longtemps de ne pas confondre avec les conséquences de l'observation contrôlée par l'expérience, les inductions et *a fortiori* les conjectures, je dois, conformément à cette règle, exposer d'abord les conclusions générales concernant les

étoffes monochromes moirées et les étoffes glacées moirées des six premiers groupes, avant de donner, comme simples inductions des observations précédentes, quelques considérations susceptibles de jeter quelque jour sur l'avantage qu'il peut y avoir à donner l'apprêt de la moire aux glacés des 7e, 8e et 9e groupes, si, comme je le crois, ces inductions sont exactes.

CONCLUSION GÉNÉRALE

CONCERNANT LES ÉTOFFES MONOCHROMES MOIRÉES ET LES ÉTOFFES GLACÉES MOIRÉES DES SIX PREMIERS GROUPES.

167. Après avoir insisté sur la différence des effets optiques de la moire d'avec ceux du glacé, j'ai dit qu'on ne pouvait, *a priori*, affirmer que la confusion naîtrait *nécessairement de l'application de l'apprêt à une étoffe glacée*, et j'ai remis à traiter la question de savoir si cette application peut avoir quelque avantage, après l'examen comparatif des effets des glacés unis avec les effets des glacés moirés. Effectivement, c'est à présent qu'il y a possibilité de traiter cette question brièvement et sans hypothèse, puisque la réponse qu'elle provoque est en définitive la conséquence même de cet examen.

Étoffes monochromes moirées.

168. Du goût pour le dessin et du plaisir de la vue d'une image simple, douée d'une apparente mobilité et d'une variation dans l'aspect qui ne la dénature jamais, j'ai déduit la cause de la beauté de la

moire, et j'ai fait voir qu'il est de son essence, pour qu'elle atteigne au maximum de l'effet dont elle est susceptible, que son image ait la plus grande simplicité possible, afin d'être légère, mobile et pour ainsi dire aérienne; telle apparaît la moire dans les étoffes monochromes, sinon dans toutes, du moins dans le plus grand nombre; car aux yeux de quelques personnes certaines étoffes jaunes unies peuvent paraître préférables aux mêmes étoffes moirées; en outre, il est des étoffes de couleur rabattues, marron par exemple, dont la moire présente des lumières rougeâtres, désagréables dans les plis, effet résultant d'une absorption de lumière blanche par les surfaces qui sont en regard, lesquelles réfléchissent alors en plus forte proportion que l'étoffe déployée les rayons appartenant à la couleur qui a été rabattue par du noir. Cet effet résulte donc de ce que la partie creuse des plis réfléchit à l'œil du spectateur moins de lumière blanche, proportionnellement à la lumière colorée, que la partie plane de l'étoffe.

Étoffes glacées moirées.

169. Tout ce que nous avons observé des effets de la moire sur les étoffes glacées est conforme aux considérations précédentes. Plus un glacé est beau par le contraste de ses couleurs, par son brillant métallique ou par la légèreté de ses nuances, qui rappellent les teintes les plus variées des nuages éclairés

par le soleil, plus la moire est évidemment contraire à la beauté des effets dont nous parlons.

D'un autre côté, une moire de glacé offrant à l'œil un grand contraste de couleur entre les diverses parties de son image perd toujours de la beauté qu'elle aurait si elle était monochrome.

Nous concluons de là *qu'incontestablement tout glacé dans lequel la couleur de la chaîne et la couleur de la trame sont employées de la manière la plus convenable, perd par l'apprêt de la moire qu'il reçoit.*

170. Mais comme on ne peut affirmer absolument que la moire sera toujours évidemment nuisible, je ne dis pas à l'effet du glacé, mais à l'effet de certaines étoffes glacées, parce que dans la réalité tous les glacés ne perdent pas également en recevant cet apprêt, et qu'auprès de certaines personnes la moire peut ajouter à l'effet de l'un d'eux, je vais parler du cas où, si elle n'est pas décidément avantageuse, elle ne sera pas du moins évidemment nuisible.

171. Moins il y a d'opposition entre la couleur de la chaîne et de la trame, moins la moire est désavantageuse. Par exemple, le bleu et le violet, et même le bleu et le vert, donnent des glacés dont la moire est assez homogène pour paraître belle aux yeux de beaucoup de personnes.

172. *A priori* on pourrait croire qu'en regardant un glacé moiré formé de couleurs complémentaires, dans une position où, s'il était uni, il paraîtrait gris conformément au principe du mélange des couleurs

(14), on le verrait dans cette même position avec des couleurs plus ou moins franches, en vertu du dérangement des fils colorés occasionné par la moire, et que dès lors on serait fondé à dire que cet apprêt a été avantageux au glacé. Sans prétendre rejeter absolument cette opinion comme erronée, je dirai cependant que l'expérience restreint beaucoup ce qu'elle a de vrai.

173. La moire dans un glacé peut être belle, lorsqu'on n'aperçoit qu'une des couleurs; mais évidemment ce cas ne démontre pas l'avantage de moirer un glacé, puisque le tissu a perdu son caractère essentiel lorsqu'il apparaît avec avantage comme une moire monochrome.

174. Il existe un cas où la moire est décidément avantageuse : c'est lorsqu'un glacé défectueux par une inégalité quelconque dans ses fils présente des lignes et des barres que cet apprêt fait disparaître en en interrompant la continuité; c'est ce qui arrive à certains gros de Naples à chaîne blanche ou à chaîne grise tramée de noir, lorsque la moire a dissimulé leur défaut, comme le fond des dessins imprimés sur une étoffe qui serait défectueuse si elle fût restée unie, ou comme le fond encore des dessins appliqués à une porcelaine dont la blancheur a subi quelque altération dans sa cuisson. Mais en signalant ce cas, je ne dois pas en omettre un tout contraire, où la moire est nuisible à tel glacé formé de deux couleurs très-opposées, qui par leur distribution symétrique et par l'égalité de leur répartition affectent l'œil agréa-

blement; en effet, pour peu que l'apprêt dérange cette égalité de maniere à produire des lignes ou des barres en faisant prédominer une des couleurs sur l'autre, les ondulations de la moire se trouvent interrompues de la manière la plus désagréable.

INDUCTIONS ET CONJECTURES SUR LES GLACÉS DES 7e ET 8e GROUPES.

175. Conformément au principe que l'application de la moire est d'autant plus avantageuse à un glacé que les deux couleurs de ce glacé sont moins contrastantes ou que leur analogie mutuelle est plus grande (171), on voit déjà que, toutes choses étant égales d'ailleurs, savoir, les couleurs et leurs tons respectifs, pour savoir si la moire sera plus favorable à un glacé composé de deux couleurs franches qu'à ce glacé composé de ces mêmes couleurs dont l'une sera rabattue, il s'agira de savoir si l'addition du noir à cette dernière augmentera le contraste des deux couleurs ou au contraire leur analogie. Je citerai deux exemples :

1er *Exemple.* S'il s'agit de deux couleurs brillantes, comme l'orangé et le jaune, le noir ajouté à l'une d'elles en diminuera relativement à l'autre l'analogie, ou en augmentera le contraste; dès lors j'en conclus que la moire ne sera point aussi favorable à un glacé formé d'orangé et de jaune rabattu ou rendu gris par du noir qu'au glacé dans lequel les deux couleurs se trouvent à l'état de pureté.

2e *Exemple.* S'il s'agit d'une couleur sombre, comme le bleu, et d'une couleur brillante, comme le jaune, l'addition du noir à celle-ci, en diminuant le contraste des deux couleurs, fera, à mon sens, que la moire sera plus favorable à ce glacé qu'à celui qui est formé de bleu et de jaune francs.

On peut déduire de là que l'addition du noir à deux couleurs franches que l'on se propose de faire entrer dans la composition d'un glacé, en tendant à les rapprocher l'une de l'autre, est favorable, toutes choses étant égales d'ailleurs, à augmenter le bel effet de la moire, ou du moins à diminuer l'inconvénient dont elle aurait pu être pour un glacé formé par les couleurs employées sans être rabattues.

INDUCTIONS ET CONJECTURES SUR LES GLACÉS DITS CAMÉLÉONS DU 9e GROUPE.

176. Le petit nombre de caméléons moirés que j'ai eus à ma disposition m'ont confirmé dans l'opinion du principe que j'ai admis relativement à la supériorité des moires homogènes sur les moires hétérogènes : aussi, plus il y a d'opposition entre les couleurs d'un caméléon, c'est-à-dire plus il justifie par ses effets la dénomination qu'on lui a donnée, moins l'apprêt de la moire lui est avantageux. J'ajouterai que pour des couleurs de même nom, mais employées à des tons différents, la moire est moins favorable aux tons élevés qu'aux tons clairs.

QUATRIÈME POINT DE VUE.

Étude des étoffes au 4e point de vue.

Des étoffes relativement aux dessins fixes qui conservent leurs limites quelles que soient les positions dans lesquelles on les regarde. — Des étoffes dites *façonnées*.

INTRODUCTION.

177. Nous avons maintenant toutes les données nécessaires pour étudier avec facilité les phénomènes optiques des étoffes de la fabrication la plus compliquée, rendre compte de la variété des dessins produits par la seule opposition des effets des diverses espèces d'armures ou par la diversité des couleurs, et expliquer comment on peut obtenir avec des moyens très-différents des résultats analogues quand ils ne sont pas identiques. Nous verrons que là encore les quatre principes exposés dans la première partie de cet ouvrage suffiront à l'explication des phénomènes optiques que montrent les étoffes de soie de la fabrication la plus complexe.

178. Les effets optiques propres aux étoffes façonnées, abstraction faite des couleurs diverses que la chaîne et la trame peuvent avoir reçues de la teinture, proviennent des différents modes de tissage

suivis pour fabriquer les étoffes unies dont l'étude nous a occupés exclusivement jusqu'ici. Une même étoffe façonnée non-seulement peut être le produit de plusieurs modes de tissage, de manière qu'elle se compose de différents tissus, tels que de satin par la chaîne ou par la trame, de velours frisé, de velours simulé, de reps par la trame ou par la chaîne, de taffetas ou de gros de Tours glacé ou non glacé, mais encore elle peut se composer de différentes variétés d'un même tissu. D'après ces considérations, il est évident que si l'on veut se rendre compte des effets optiques des façonnés, il faut en distinguer de deux ordres : des effets naissant exclusivement du tissage, abstraction faite de toute couleur, et des effets naissant de la coloration des fils qui constituent les étoffes. Enfin, après avoir établi que tous les effets se rapportent en définitive ou à la *chaîne,* ou à la *trame* ou *à la fois à la chaîne et à la trame poduisant un tissu du genre taffetas*, il faut examiner les six cas généraux que les étoffes façonnées présentent relativement à l'influence de la disposition des fils sur les effets optiques, abstraction faite, je le répète, de toute couleur.

1er CAS. *Étoffe façonnée dont l'effet est produit exclusivememt par la chaîne ou par la trame.*

2e CAS. *Étoffe présentant à la fois un effet de chaîne et un effet de trame.*
Gourgouran.
Satin liséré.
Virginie liserée.
Damas.

3e CAS. *Étoffe présentant un effet de trame sur un fond produit par l'*armure (16) *qui donne un* taffetas.
Florence liséré. Marcelline liserée.
Taffetas liséré. Gros de Naples liséré. Gros de Tours liséré, etc.
Velouté par la trame allié à un taffetas.
Pékin.

4e CAS. *Étoffe présentant un effet de chaîne sur un fond produit par l'armure* (16) *qui donne un* taffetas.

Taffetas à poil traînant.

Gros de Naples à poil traînant.

Gros de Tours à poil traînant.

5e CAS. *Étoffe présentant des effets de chaîne et des effets de trame sur un fond tissu-taffetas.*

Pékin liséré.

6e CAS. *Étoffes présentant des effets provenant d'un tissu-taffetas sur tissu du même genre.*

Taffetas à dessin de marcelline ou l'inverse.

Gros de Naples à dessin de marcelline ou l'inverse.

Gros de Tours à dessin de taffetas ou l'inverse.

179. 1er CAS. *Étoffe façonnée dont l'effet est produit exclusivement par la chaîne ou par la trame.*

Le façonné naît dans ce cas de changements que l'on fait subir d'une manière régulière à un système de fils qui sans cela auraient produit une étoffe simple ou non façonnée; ainsi, au lieu de zones, au lieu de côtes parallèles au sens longitudinal ou transversal de l'étoffe qu'un tissu simple aurait présentées, le façonné pourra montrer des zones obliques, des côtes discontinues, dont les portions restées apparentes seront devenues par l'artifice du tissage les éléments de figures régulières ou en général d'un dessin fort différent par l'aspect des côtes uniformément parallèles d'une étoffe unie. C'est ce qu'on fera, par exemple, dans un velours simulé avec des *éléments cylindriques*, produits par les côtes de la trame couverte par la chaîne, et des *figures planes* plus ou moins variées, produites également par la chaîne passant sur des portions de plusieurs côtes contiguës qui ne doivent point montrer leur surface arrondie.

180. 2e Cas. *Étoffe présentant à la fois un effet de chaîne et un effet de trame.*

Je citerai comme exemple de façonnés concernant le second cas, le *gourgouran*, le *satin liséré*, la *virginie* liserée, le *damas*.

181. 1er Exemple. *Gourgouran.* Il est formé d'une bande de satin par la chaîne et de diverses bandes de reps par la trame. Le dessin naît de l'opposition des bandes unies du satin aux bandes cylindriques du reps, et de l'opposition des fils de la chaîne aux fils de la trame, qui, agissant d'une manière inverse sur la lumière, ajoute singulièrement à l'effet des bandes du reps qui se détachent en relief du fond uni du satin.

EFFETS OPTIQUES DU GOURGOURAN.

Première position. — Chaîne de l'étoffe comprise dans le plan de la lumière incidente.

Circonstance 1re de *b* en *a*. Satin clair, reps obscur.
— 2e de *a* en *b*. Satin noir, reps clair.
(*Maximum d'opposition entre les deux effets.*)

Deuxième position. — Chaîne de l'étoffe perpendiculaire au plan de la lumière incidente.

— 3e de *b* en *a*. Satin ombré, reps clair.
— 4e de *a* en *b*. Satin gris clair, reps obscur.
(*Maximum d'opposition entre les deux effets.* Inverse de 2.)

182. 2e Exemple. *Satin liséré.* Le fond de cette étoffe est un satin dont la continuité étant interrompue convenablement laisse apercevoir la trame qui forme dessin. L'effet de celui-ci résulte non-seulement de l'opposition de ses fils avec ceux du fond, mais encore de ce qu'il se détache en relief.

EFFETS OPTIQUES DU SATIN LISÉRÉ.

Première position. — Chaîne de l'étoffe comprise dans le plan de la lumière incidente.

Circonstance 1re de *b* en *a*. Satin clair, dessin ombré.
— 2e de *a* en *b*. Satin noir, dessin clair.
(*Maximum d'opposition entre les deux effets.*)

Deuxième position. — Chaîne de l'étoffe perpendiculaire au plan de la lumière incidente.

— 3e de *b* en *a*. Satin ombré, dessin clair.
— 4e de *a* en *b*. Satin gris clair, dessin obscur.
(*Maximum d'opposition entre les deux effets.*)

183. 3e Exemple. *Virginie lisérée.* En usant du même artifice pour la virginie que pour le satin liséré on peut faire naître par la trame, en interrompant convenablement la continuité de la chaîne, des dessins tout à fait analogues à ceux du satin liséré et présentant absolument les mêmes effets optiques.

184. 4e Exemple. *Damas.* Le damas (*) est une étoffe à dessins variés, comme fleurs, ornements, rinceaux, insectes, etc., etc., naissant uniquement de l'apparence d'un des d'eux systèmes de fils, chaîne ou trame, formant tissu, opposé à l'autre système formant pareillement un tissu, lequel sert de fond au premier, en ne présentant à l'œil que des fils opposés rectangulairement à ceux du dessin.

Le damas proprement dit est épais et destiné à l'ameublement. En général, il se compose d'un fond de satin par la chaîne et d'un dessin de satin par la trame.

(*) On comprend, sous la dénomination générique d'*étoffes damassées*, des étoffes dont le fond et le dessin sont formés de satin ou de sergé, l'un par la chaîne et l'autre par la trame.

EFFETS OPTIQUES D'UN DAMAS DE CETTE SORTE.

Première position. — Chaîne comprise dans le plan de la lumière incidente.

Circonstance 1re de b en a. Fond de satin par la chaîne clair, dessin de satin par la trame obscur.

— 2e de a en b. Fond de satin par la chaîne obscur, dessin de satin par la trame clair.

Deuxième position. — Chaîne de l'étoffe perpendiculaire au plan de la lumière.

— 3e de b en a. Fond de satin par la chaîne obscur, dessin de satin par la trame clair.
(*Maximum d'opposition de ton.*)

— 4e de a en b. Fond de satin par la chaîne clair, dessin de satin par la trame obscur.
(*Maximum d'opposition de ton.*)

Ce qui distingue essentiellement le damas des étoffes lisérées, c'est que dans celles-ci la trame, tout en se liant avec l'étoffe, apparaît en dessin sans former *tissu*.

Le damas tire son nom de la ville de Damas, capitale de la Syrie, où il fut d'abord fabriqué.

185. 3e Cas. *Étoffe présentant un effet de trame sur un fond produit par l'*armure (16) *qui donne un* taffetas.

Je citerai comme exemples des façonnés concernant ce cas, le florence liséré, le taffetas liséré, *des veloutés par la trame alliés à un taffetas*, le pékin à bandes de satin et à bandes de taffetas, le pékiné ayant la même composition que ce dernier, mais présentant des dessins moins simples.

186. 1er Exemple. *Florence liséré.* Il est aisé de comprendre qu'un tissu de Florence pourra être interrompu d'une manière convenable, comme peut

l'être celui d'un satin par exemple (182), et qu'à l'interruption il apparaîtra, non plus à la fois la chaîne et la trame constituant le florence ou plus généralement un tissu du genre taffetas, mais la trame seulement, laquelle affectera la forme d'une figure plane composée de fils qui composent cette trame, disposés parallèlement. D'après cela, les effets optiques seront faciles à expliquer.

EFFETS OPTIQUES DU FLORENCE LISÉRÉ.

Première position. — Chaîne de l'étoffe dans le plan de la lumière incidente.

Circonstance 1re de *b* en *a*. Le fond de florence apparaît médiocrement éclairé; les dessins sont dans le même cas.

— 2e de *a* en *b*. Le fond et le dessin surtout apparaissent en clair, puisque la trame domine dans le florence et qu'elle est dans la position la plus favorable à la clarté.

Deuxième position. — Chaîne de l'étoffe perpendiculaire au plan de la lumière.

— 3e de *b* en *a*. Le dessin apparaît en clair, ainsi que le fond.

— 4e de *a* en *b*. Le dessin apparaît ombré, et le fond apparaît en clair par la chaîne.

(*Maximum de contraste entre le dessin et le fond.*)

Cet exemple comprend la *marcelline lisérée.*

187. 2e Exemple. *Taffetas liséré.* On peut faire apparaître un dessin sur le taffetas, par le même artifice que sur le florence; mais la chaîne dominant sur la trame dans le premier, contrairement à ce qui a lieu dans le second, et en outre la trame des deux tissus pouvant être également brillante, le dessin produit par elle doit mieux se détacher d'un fond de satin que d'un fond de florence, par là même que le premier est moins brillant que le second.

Cet exemple comprend *le gros de Naples liséré, le gros de Tours liséré, le pou-de-soie liséré.*

188. 3e Exemple. *Velouté par la trame allié à un taffetas.*

189. 4e Exemple. *Pékin à bande de satin et à bande de taffetas.*

Le pékin ne diffère du gourgouran qu'en ce que les bandes de reps de celui-ci sont remplacées, dans le premier, par des bandes de taffetas. Les effets optiques sont faciles à déduire de ce que j'ai dit, car un taffetas ne pouvant présenter, relativement aux quatre circonstances où nous plaçons les étoffes pour en étudier les effets optiques, autant d'opposition qu'un satin, un reps, en un mot une étoffe qui ne montre que la chaîne ou la trame, il est évident que les effets du pékin résultant du contraste du satin et du taffetas qui le constituent, seront moins prononcés entre eux que ne le sont les effets du gourgouran, résultant du contraste du satin avec le reps.

190. 4e Cas. *Étoffe présentant un effet de chaîne, sur un fond produit par l'*armure (16) *qui donne un* taffetas.

Le dessin qu'on fait par la trame sur un fond du genre taffetas peut être exécuté sur le même fond au moyen de la chaîne. Je citerai comme exemples de ce cas le *taffetas*, *le gros de Naples*, *le gros de Tours*, dits *à poil traînant*. Le mot *poil* est employé comme synonyme de *chaîne*. Une conséquence naturelle de ce que le brillant de la chaîne est moindre que celui de la trame à cause de sa plus grande torsion, est que le dessin *à poil traînant* sera, toutes choses égales d'ailleurs, moins brillant, moins contrastant sous ce rapport avec le fond que le dessin *liséré* produit par la trame.

191. 1er Exemple. *Taffetas à poil traînant.*

Première position. — Chaîne de l'étoffe dans le plan de la lumière incidente.

Circonstance 1re de *b* en *a*. Dessin clair sur fond ombré.
— 2e de *a* en *b*. Dessin très-obscur sur un fond clair.

Deuxième position. — Chaîne de l'étoffe perpendiculaire au plan de la lumière incidente.

— 3e de *b* en *a*. Dessin obscur sur fond clair.
— 4e de *a* en *b*. Dessin clair sur fond obscur.

192. 2e Exemple. *Gros de Naples à poil traînant.* Effets semblables aux précédents (191).

193. 3e Exemple. *Gros de Tours à poil traînant.* Effets semblables aux précédents (191).

194. 5e Cas. *Étoffe présentant des effets de chaîne et des effets de trame sur un fond tissu-taffetas.*

Je citerai comme exemple de façonné concernant ce cas le *pékin liséré*.

195. Pékin liséré. Il est aisé de concevoir la constitution de cette étoffe ; car représentez-vous un fond de pékin, composé de bandes parallèles de satin et de taffetas, sur lequel on ménagera des parties que l'on remplira de trame pendant que la chaîne apparaîtra sous celle-ci à l'envers, et vous aurez un pékin liséré. Vous aurez dans cette étoffe deux parties brillantes, le satin et le dessin produit par la trame, et

une partie terne, le taffetas; mais, par l'opposition des fils du satin avec les fils du dessin quand les bandes de satin paraîtront brillantes, le taffetas le paraîtra moins, et enfin le dessin paraîtra ombré.

196. 6e Cas. *Étoffe présentant des effets provenant d'un tissu-taffetas sur tissu du même genre.*

De la différence d'aspect de tissus appartenant au genre du taffetas résulte la possibilité de faire un façonné composé de deux de ces tissus assez différents pour que l'un, formant dessin, l'autre lui serve de fond. Les exemples suivants démontrent la justesse de cette conclusion.

197. 1er Exemple. *Une étoffe façonnée à fond de taffetas proprement dit et à dessin de marcelline*, *ou à fond de marcelline et à dessin de taffetas,* produira un effet dont il est aisé de se rendre compte, si on réfléchit à la différence spécifique des deux tissus; car dans la marcelline la trame prédominant sur la chaîne, et l'inverse ayant lieu dans le taffetas, évidemment la vue distincte du dessin résultera surtout de l'opposition des effets de la trame aux effets de la chaîne.

2e Exemple. *Une étoffe façonnée à fond de gros de Naples, dessin de marcelline, ou à fond de marcelline et à dessin de gros de Naples,* produira un effet d'autant plus prononcé qu'il résultera de l'opposition des deux systèmes de fils prédominant inversement dans les deux tissus, et du relief du gros de Naples provenant de la grosseur de son grain.

On concevra la fabrication des étoffes des deux exemples précédents en faisant *travailler* de même manière deux fils consécutifs pour former la marcelline, au lieu de les faire *enverger* individuellement, comme on le pratique pour le taffetas.

3e Exemple. *Une étoffe façonnée à fond de taffetas proprement dit et à dessin de gros de Tours, ou à fond de gros de Tours et à dessin de taffetas*, présentera moins d'opposition entre les deux tissus que les étoffes façonnées des deux exemples précédents (1 et 2), mais la différence de grain des deux tissus fera que le gros de Tours apparaîtra en relief sur le taffetas.

198. Les détails dans lesquels je viens d'entrer, m'ayant donné l'occasion de passer en revue les étoffes façonnées les plus connues, et d'étudier l'influence de leur structure sur les phénomènes optiques qu'elles présentent, me permettent de subordonner les divisions principales du sujet qui me reste à traiter, à ces phénomènes mêmes, et non aux procédés de tissage qui donnent les *façonnés*. D'après cette considération, j'étudierai, dans un même groupe, les étoffes que leurs effets optiques classent dans une même catégorie; je ne manquerai pas d'insister sur ceux de ces effets qui peuvent être le résultat de procédés divers ou de l'emploi de fils de couleurs très-différentes.

Les divisions du tableau placé à la fin de l'introduction de la 2e partie de cet ouvrage (pages 31 et 32), qui sont relatives au 4e point de vue sous lequel nous envisageons les étoffes façonnées, montrent que je procède des faits les plus simples aux plus complexes. Aussi, dans les deux premières divisions, ne sera-t-il question que d'étoffes monochromes; d'abord de celles qui, ne montrant à l'endroit qu'un seul système de fils chaîne ou trame, ne présentent que des fils parallèles entre eux dans une direction unique; ensuite de celles qui, montrant à l'endroit à la fois deux systèmes de fils qui constituent le tissu, présentent deux séries de fils parallèles, dont l'une est opposée rectangulairement à l'autre. Dans la troisième division, à la diversité du façonné naissant du tissage s'ajoute la diversité, non des couleurs, mais celle qui naît de la modification d'une couleur unique par son mélange avec le blanc, ou avec le noir, ou avec le gris. Enfin, dans la quatrième division, la diversité peut être portée à l'extrême, puisqu'il s'agit d'étoffes façonnées dans lesquelles toutes les couleurs, y compris le blanc, le noir et le gris, peuvent être employées.

Ire DIVISION.

ÉTOFFES FAÇONNÉES MONOCHROMES DONT LES EFFETS OPTIQUES SE RAPPORTENT EXCLUSIVEMENT A LA CHAÎNE OU A LA TRAME.

199. Je n'ai rien à ajouter à ce que j'ai dit précédemment des étoffes façonnées de cette division (179), sinon qu'on peut se représenter les dessins qu'elles montrent, comme ceux qui apparaissent en relief sur une planche gravée propre à l'impression des tissus,

et qui présenteraient une série de lignes fines parallèles dans un sens unique, imitant les sillons qui séparent les fils de soie constituant la surface des étoffes façonnées. Ces dessins étant en relief, et apparaissant de la couleur qui leur est propre, ne présentent guère d'autre effet que celui qui résulte de l'opposition des creux, où la lumière s'éteint, aux parties saillantes sur lesquelles la lumière se réfléchit; tout ce qui pourrait arriver de plus serait qu'une étoffe façonnée de couleur montrât, dans certaines de ses parties autrement éclairées que les autres, la complémentaire de cette couleur.

IIe DIVISION.

ÉTOFFES FAÇONNÉES DONT LES EFFETS OPTIQUES SE RAPPORTENT A LA FOIS A UNE CHAÎNE ET A UNE TRAME D'UNE MÊME COULEUR ET AU MÊME TON.

200. Les étoffes comprises dans cette division forment deux catégories: la première comprend des étoffes blanches, noires ou grises; la seconde des étoffes de couleur.

Les étoffes des deux catégories peuvent être, par exemple, des gourgourans, des satins lisérés, des florences lisérés, des taffetas lisérés, des pékins, des taffetas à poil traînant, des pékins lisérés, des tissus formés de deux sortes de taffetas, des gros de Naples, des gros de Tours.

1re CATÉGORIE.

201. Tous les effets optiques des étoffes de cette catégorie sont bornés à de simples contrastes de ton, faciles à prévoir, d'après la direction des fils de la chaîne et celle des fils de la trame, toujours perpendiculaire à la première, et en outre d'après les positions respectives de ces fils, relativement au plan de la lumière incidente.

2e CATÉGORIE.

202. Les étoffes de cette catégorie de couleurs naturellement brillantes, et à des tons où la couleur qui leur est propre se montre avec intensité, ne présentent guère, à l'instar des précédentes, que des contrastes de tons, ou quelquefois de légers contrastes de nuances. Par exemple, un damas jaune présentera une partie jaune-verdâtre et une autre jaune doré; un damas rouge, une partie rouge orangé et une autre partie rouge violet; etc.

203. Des étoffes de cette catégorie de tons clairs pourront présenter, dans certaine circonstance, leurs parties les moins éclairées teintes de la complémentaire de la couleur qui est réfléchie par les parties les plus éclairées relativement à la position du spectateur.

204. Pour des étoffes de couleurs obscures ou montées à des tons élevés, la teinte complémentaire de la couleur peut apparaître comme dans le cas précédent (203), mais avec cette différence que c'est

la partie de l'étoffe la plus éclairée pour le spectateur qui paraît avec cette modification, résultat inverse du précédent. C'est un phénomène de cette sorte qui a lieu lorsque, tournant les yeux à la lumière, on regarde à la fois deux morceaux contigus d'une même pièce de drap bleu foncé, vert foncé ou violet rouge foncé, les poils de l'un des morceaux étant dans le plan de la lumière incidente, et les poils de l'autre morceau y étant perpendiculaires. Le premier morceau réfléchissant un maximum de lumière blanche, à cause de la disposition des poils, qui sont autant de petits cylindres, tandis que le second morceau réfléchit des rayons colorés sensiblement bleus, verts ou d'un violet rouge, le premier paraît d'un gris complémentaire de la couleur du second. Le bleu développe donc un gris orangé, le vert un gris rougeâtre, et le violet un gris jaune-verdâtre (*).

IIIe DIVISION.

ÉTOFFES FAÇONNÉES DONT LES EFFETS OPTIQUES SE RAPPORTENT A DES FILS DE DIVERS TONS D'UNE MÊME COULEUR.

205. Les considérations exposées dans la division précédente sont applicables aux étoffes dont nous allons parler. Évidemment, en prenant pour chaîne et pour trame des fils de deux tons différents d'une

(*) De la loi du contraste simultané *des couleurs*, pages 165 et 166.

même gamme, ou, ce qui est la même chose, d'une même couleur, on pourra faire un *gourgouran*, un *satin liséré*, une *virginie liserée*, et encore un *florence liséré*, un *taffetas liséré*, un *pékin*, un *pékin liséré*, et un *taffetas*, un *gros de Naples*, un *gros de Tours à poil traînant*: seulement, toutes choses égales d'ailleurs, il y aura dans les trois premières étoffes plus de contraste de ton entre le fond et le dessin, montrant chacun, à l'exclusion de l'autre, la chaîne ou la trame; que dans les secondes, où le dessin, qui ne laisse apercevoir qu'un des systèmes de fils de la trame ou de la chaîne, contraste avec le fond montrant à la fois les deux systèmes de fils qui constituent un taffetas.

206. Les étoffes composées de deux ou plusieurs tons d'une même couleur sont appelées *camaïeux*.

207. On pourra faire des camaïeux à zones dégradées ou *fondues* par un procédé très-simple; les fils de la chaîne seront répartis en séries correspondant chacune à une zone; les zones seront alternativement taffetas et satin; la chaîne destinée au taffetas présentera des fils plus foncés au milieu qu'aux bords de la zone, contrairement à la chaîne destinée au satin, qui présentera du fil blanc au milieu et foncé aux bords de la zone. En faisant passer une trame dont le ton sera à peu près le même que celui des fils les plus foncés de la chaîne, on aura une série de zones dégradées d'un effet agréable.

208. On conçoit d'après cela la possibilité de faire des camaïeux en employant une chaîne formée de fils

noirs, blancs, verts, blancs, noirs, etc., répartis en séries d'inégale largeur, puis tramant avec des fils verts à la hauteur du vert de la chaîne. On pourra laisser une zone blanche étroite qui sera exécutée en satin; tandis que les autres zones l'étant en taffetas présenteront un vert foncé où la chaîne sera noire, un vert uni où la chaîne sera verte, un vert clair où la chaîne sera blanche. En définitive, le taffetas résultant d'une chaîne noire, d'une chaîne verte et d'une chaîne blanche tramée de vert, présentera un véritable camaïeu opéré conformément au principe du mélange des couleurs.

209. Évidemment le vert pourra être remplacé par une couleur quelconque, sans que les produits cessent d'appartenir aux étoffes de la division dont nous parlons.

Effets optiques.

210. Les effets optiques des étoffes façonnées de cette division sont faciles à prévoir. L'effet naissant des oppositions produites par le simple tissage, effet qui a été apprécié dans la division précédente (200), se trouvera augmenté de celui qui tendra à produire la différence de ton des fils employés.

Si l'étoffe façonnée présente des bandes à teinte plate d'une certaine largeur, le contraste de ton tendra à les faire voir dégradées, ou leur donnera l'aspect de ce qu'on nomme des *fondus* ou des *ombrés*.

Si l'on emploie des tons faibles et des tons foncés d'une même couleur, il sera possible que le contraste de ton fasse paraître le ton faible blanc, et même coloré de la complémentaire de sa propre couleur.

211. Il est évident maintenant qu'en prenant deux tons très-éloignés d'une même gamme, il sera possible à la rigueur, en variant le tissage et le mélange des deux tons, d'obtenir un nombre considérable de tons intermédiaires. C'est donc par la répartition inégale que le tissage fera de ces tons qu'il pourra opérer quelque chose d'analogue à ce que le peintre produit en mélangeant ses couleurs sur sa palette. C'est par cet artifice que l'on parvient à imiter jusqu'à un certain point un tableau avec des fils noirs et des fils blancs, comme il pourrait l'être par la gravure en noir. Je citerai comme exemple le portrait de Jacquart exécuté par M. Carquillat.

IVe DIVISION.

ÉTOFFES FAÇONNÉES DONT LES EFFETS OPTIQUES SE RAPPORTENT, SOIT A DES FILS D'UNE COULEUR OU DE PLUSIEURS COULEURS ALLIÉES A DES FILS BLANCS OU NOIRS OU GRIS, SOIT A DES FILS DE PLUSIEURS COULEURS, Y COMPRIS LE BLANC, LE NOIR ET LE GRIS ALLIÉS ENSEMBLE.

212. Les étoffes comprises dans cette division étant extrêmement nombreuses, je les distribuerai en six sections que je vais définir.

1. Étoffes façonnées présentant une couleur et du blanc.
2. — — — et du noir.
3. — — — et du gris.
4. — — deux couleurs.
5. — — une couleur et un métal.
6. — — plus de deux couleurs.

1re Section. *Étoffes façonnées présentant une couleur et du blanc.*

213. Toute couleur qui est contiguë au blanc gagne de l'intensité ou du ton, conformément à ce que j'ai dit du contraste de ton (15, 1er article), et cette couleur tend en outre à faire voir le blanc coloré d'une légère teinte de sa complémentaire (15, 2e article). Ainsi,

Le rouge	tend à verdir le blanc.
L'orangé	tend à le bleuir.
Le jaune	tend à le violeter.
Le vert	tend à le roser.
Le bleu	tend à l'oranger.
Le violet	tend à le jaunir.

Plus le ton de la couleur est élevé, plus le blanc est éclatant, soit par sa nature, soit par la vivacité de la lumière, soit par la position où il est vu, et moins la modification que la couleur tend à produire est sensible.

214. Un moyen de rendre l'effet de la complémentaire moins sensible est de teinter le blanc de la couleur même qui s'y trouve contiguë. On conçoit, en effet, que cette teinte ne pouvant être perçue en même temps que la complémentaire, comme celle-ci ne peut l'être en même temps que la teinte, si la coloration du blanc est convenable, il y aura neutralisation des deux effets, du moins dans des circonstances où, sans cet artifice, auquel j'ai conseillé de recourir dans la fabrication des papiers peints et celle des tapisseries des Gobelins, la modification du blanc par la

complémentaire de la couleur qui y est juxtaposée eût été sensible.

215. Au lieu d'employer un blanc teinté de la couleur de la soie qu'on y juxtapose, on peut disséminer dans la soie blanche de la soie colorée en évitant de faire un glacé; car, dans ce dernier cas, si l'on détruisait la modification du blanc lorsqu'on verrait à la fois les deux éléments du glacé, il y aurait une position où le blanc seul apparaîtrait.

216. Les conséquences de tout ce qui précède relativement à la structure des étoffes façonnées en général (introduction au quatrième point de vue) et à ce que je viens de dire (213, 214, 215), sont faciles à tirer pour prévoir les effets de l'association du blanc et d'une couleur dans les étoffes façonnées.

1° Pour la confection des étoffes façonnées, composées de deux tissus montrant exclusivement l'un la chaîne et l'autre la trame (gourgouran, satin liséré) vous aurez le contraste de ton le plus grand que le tissage puisse produire entre les deux systèmes de fils donnés, si le blanc forme l'endroit du tissu qui, toutes choses égales d'ailleurs, est le plus brillant, et la couleur, l'endroit du tissu qui l'est le moins.

2° Vous diminuerez ou vous neutraliserez la modification colorée que la couleur tend à produire sur le blanc, en employant un blanc teinté convenablement de la couleur même que vous y juxtaposez, et en élevant le ton de cette couleur.

3° Si vous juxtaposez au blanc un tissu-taffetas

formé de blanc et de la couleur donnée, en d'autres termes un *glacé*, il arrivera, lorsque le tissu agira sur l'œil à la fois comme blanc et comme couleur, qu'il présentera un contraste de ton moindre que si la couleur eût été pure; lorsqu'au contraire l'œil le verra dans une position plus favorable à la vision de la couleur, le contraste sera plus grand.

4° Évidemment si la couleur était pure dans un des tissus (3°) et le taffetas composé de la couleur et du blanc, on pourrait considérer l'étoffe façonnée comme un camaïeu rentrant dans les étoffes de la 3e division (206 et 207) toutes les fois que le taffetas agirait sur l'œil comme couleur mêlée de blanc; tandis qu'il pourrait arriver, soit par la position même de l'étoffe à l'égard du spectateur, soit par le ton et la proportion de la couleur mêlée au blanc, que le taffetas juxtaposé à la couleur se comporterait comme un tissu blanc dans lequel la modification que cette couleur tend à produire n'apparaîtrait pas, par la raison qu'elle serait modifiée par la couleur même alliée au blanc dans le taffetas.

217. M. Mésiat, professeur si habile de l'art de fabriquer les étoffes de soie, m'a donné une étoffe façonnée, composée d'un fond de sergé bleu par la trame et d'un satin blanc par la chaîne, représentant des parapluies ouverts, qui est très-propre à étudier les effets de la juxtaposition du blanc et des couleurs. Dans la position où le satin réfléchit le plus de lumière blanche, il paraît blanc; dans le cas où il en réfléchit une quantité convenable, il paraît d'un

gris orangé, c'est-à-dire teint de la complémentaire du bleu ; enfin, s'il n'en réfléchissait qu'excessivement peu, il paraîtrait ombré, sans teinte rousse pour ainsi dire.

2ᵉ Section. *Étoffes façonnées présentant une couleur et du noir.*

218. Toute couleur qui est contiguë au noir perd de son intensité ou de la hauteur de son ton, d'après ce que j'ai dit du contraste de ton (15, 1ᵉʳ article), et elle tend à faire voir ce noir teinté de sa complémentaire (15, 2ᵉ article). Ainsi,

Le rouge tend à verdir le noir.
L'orangé tend à le bleuir.
Le jaune tend à le violeter.
Le vert tend à le rougir.
Le bleu tend à l'oranger.
Le violet tend à le jaunir.

Nous avons vu que l'éclat de la lumière qui éclaire le blanc juxtaposé à une couleur tend à effacer l'effet de la teinte que la couleur juxtaposée tend à produire (213). Avec le noir, le contraire a lieu. Plus la lumière est vive, et plus la modification qu'il reçoit de la complémentaire de la couleur juxtaposée est sensible. D'un autre côté, plus la complémentaire de la couleur juxtaposée au noir est claire, brillante, et plus le ton intense du noir est affaibli. C'est ce qui explique pourquoi le bleu, le violet, le vert même, abaissent tant le ton du noir.

219. Un moyen de rendre l'effet de la complémentaire moins sensible sur le noir est de prendre

la couleur qu'on doit y juxtaposer à un ton faible, et de teinter le noir de cette couleur même, afin de neutraliser l'effet de la complémentaire, comme j'ai prescrit de le faire pour le blanc (214).

220. Au lieu d'employer un noir teint de la complémentaire, on peut distribuer dans le noir la couleur même juxtaposée. J'ai vu un exemple propre à démontrer cette règle dans la belle collection de tissus de M. Mésiat. C'était une étoffe à dessins rouges sur fond noir; la partie de cè fond voisine du dessin paraissait verte, mais les lignes noires alternées avec la couleur pour former des ombres dans le dessin donnaient un ensemble plus noir que le fond.

221. Les conséquences à déduire de ce qui précède pour prévoir les effets de l'association du noir et d'une couleur sont évidentes.

1° Pour la confection de celles des étoffes façonnées qui se composent de deux tissus montrant exclusivement l'un la chaîne et l'autre la trame (gourgouran, satin liséré), vous aurez le contraste le plus grand possible que le tissage puisse produire entre les deux systèmes de fils donnés, si le noir apparaît dans le tissu qui, toutes choses égales d'ailleurs, est le plus sombre, et la couleur dans le tissu qui l'est le moins.

2° Vous diminuerez ou vous neutraliserez la modification colorée que la couleur tend à produire sur le noir, en employant un noir teinté de la complémentaire de la couleur que vous y juxtaposez, et en abaissant le ton de cette couleur, afin de rehausser le plus possible le ton du noir.

3° Si vous juxtaposez au noir un tissu du genre taffetas formé de noir et d'une couleur donnée, ou, en d'autres termes, un *glacé*, il arrivera lorsque ce tissu agira à la fois comme noir et couleur, qu'il présentera un contraste de ton moindre que si la couleur eût été pure; lorsqu'au contraire l'œil le verra dans une position plus favorable à la vision de la couleur, le contraste sera plus grand.

4° Évidemment, si la couleur était pure dans un des tissus (3°) et le taffetas composé de la couleur et de noir, on pourrait considérer l'étoffe façonnée comme un camaïeu rentrant dans les étoffes de la 3e division (206, 207), toutes les fois que le taffetas agirait sur l'œil comme une couleur mêlée de noir; tandis qu'il pourrait arriver, soit par la position de l'étoffe à l'égard du spectateur, soit par le ton et la proportion de la couleur mêlée au noir, que le taffetas juxtaposé à la couleur se comporterait comme un tissu noir dans lequel la modification que celle-ci tend à produire n'apparaîtrait pas, car l'effet en serait neutralisé par la couleur même alliée au noir dans le taffetas.

3e Section. *Étoffes façonnées présentant une couleur et du gris.*

222. Toute couleur qui est contiguë au gris normal gagne en éclat et en pureté; car, en vertu du contraste, c'est de l'ombre que le gris normal tend à faire disparaître dans la couleur qui s'y trouve juxtaposée. D'un autre côté le gris se teinte toujours plus ou moins sensiblement de la complémentaire de la couleur qui y est contiguë. Ainsi,

Le rouge donne du vert au gris.
L'orangé lui donne du bleu.
Le jaune lui donne du violet.
Le vert lui donne du rouge.
Le bleu lui donne de l'orangé.
Le violet lui donne du jaune.

Je dis que le rouge *donne* du vert au gris, et ainsi de suite pour les autres couleurs, et non qu'il *tend* à verdir le gris, comme j'ai dit qu'il tend à verdir le blanc et même le noir (213, 218), parce qu'en effet les modifications produites avec le blanc et le noir sont loin d'être toujours sensibles, si la lumière n'est pas favorable à l'observation des phénomènes, c'est-à-dire si elle n'est pas faible pour le blanc, si elle n'est pas brillante pour le noir; tandis que les modifications de teinte du gris juxtaposé à des couleurs le sont toujours. Ce résultat est une conséquence toute simple des deux autres; car, le gris réfléchissant moins de lumière blanche que le blanc et en en réfléchissant plus que le noir, il est évidemment dans la condition moyenne la plus favorable possible, comme exemple des modifications que les couleurs tendent à produire en vertu du contraste simultané dans la teinte des surfaces qui sont contiguës à des couleurs.

223. Le gris juxtaposé avec une couleur étant constamment teint de la complémentaire de cette couleur, il faut nécessairement, pour détruire l'effet de cette modification, recourir aux procédés que nous avons prescrits plus haut pour le blanc et le noir (214, 215, 219, 220). En conséquence,

1° Pour la confection de celles des étoffes façonnées qui se composent de deux tissus montrant exclusivement l'un la chaîne et l'autre la trame (gourgouran, satin liséré), vous aurez le contraste le plus grand possible que le tissage puisse produire entre les deux systèmes de fils donnés, si le gris apparaît dans le tissu, qui, toutes choses égales d'ailleurs, est le plus sombre, et la couleur dans le tissu qui l'est le moins.

2° Vous diminuerez ou vous neutraliserez la modification colorée que la couleur tend à produire sur le gris en employant un gris teinté de la couleur que vous y juxtaposez.

224. On a fabriqué à Lyon des étoffes à bandes de gros de Naples alternées avec des bandes de tissu à jour, d'un effet aussi remarquable qu'il est instructif pour le sujet qui nous occupe maintenant. Dans mon ouvrage sur le contraste simultané des couleurs, j'ai considéré tous les tissus à jour de fils blancs comme des tissus gris et non comme des tissus blancs, par la

raison que leurs fils, qui réfléchissent la lumière, composent avec leurs interstices, qui lui donnent passage, un ensemble dont l'action sur l'œil correspond à celle d'une surface blanche parsemée de parties noires, ou, en d'autres termes, cet ensemble apparaît à l'œil à l'instar d'une surface grise. En assimilant les bandes à jour à ces tissus, on explique parfaitement la modification optique qu'elles reçoivent des bandes de gros de Naples auxquelles elles sont contiguës. Le gros de Naples est-il jaune, la bande à jour paraît violette complémentaire du jaune; est-il violet, la bande à jour, par la même raison, paraît jaune; enfin le gros de Naples est-il blanc, la bande à jour paraît d'un gris normal. Je rappellerai à ce sujet, comme extension de la considération précédente, que dans une verrière on fait naître le gris de la réunion de petites pièces de verre blanc entourées de lames de plomb étroites.

4e Section. *Étoffes façonnées de deux couleurs.*

225. J'ai exposé ailleurs avec détail les effets que produisent sur moi les assortiments binaires du rouge, de l'orangé, du jaune, du vert, du bleu, du violet, et les effets de ces mêmes assortiments avec le blanc, le gris et le noir (*De la loi du contraste simultané des couleurs*, page 111); loin d'avoir quelque chose à ajouter ou à modifier à ce que j'ai dit, je dois me borner ici à un résumé concis de ce qui est applicable aux étoffes de soie, considérées au point de vue où je les envisage dans cet ouvrage.

226. Lorsqu'on veut parler aux yeux par des harmonies de contraste en associant deux couleurs ensemble dans une étoffe façonnée, l'association binaire des couleurs complémentaires est préférable à toute autre, et l'effet en est constamment satisfaisant. Je cite pour exemples

L'association du rouge avec le vert.
— bleu avec l'orangé.
— jaune avec le violet.

227. L'assortiment binaire des couleurs simples, le rouge, le jaune et le bleu, pris à des tons convenables, est préférable à l'assortiment binaire d'une de ces couleurs avec une couleur binaire dont elle est un des éléments. Exemples :

Rouge et jaune	vont mieux que	rouge et orangé.
Rouge et bleu	—	rouge et violet.
Jaune et rouge	—	jaune et orangé.
Jaune et bleu	—	jaune et vert.
Bleu et rouge	—	bleu et violet.
Bleu et jaune	—	bleu et vert.

228. L'assortiment du rouge, ou du jaune ou du bleu, avec une couleur binaire contenant la première, me paraît d'un effet d'autant plus beau comme contraste que la couleur simple est essentiellement plus lumineuse que ne l'est la coulenr binaire. Par exemple,

Rouge et violet	vont mieux que	bleu et violet.
Jaune et orangé	—	rouge et orangé.
Jaune et vert	—	bleu et vert.

229. Si les harmonies du contraste ne présentent aucune difficulté, il n'en est pas de même des harmonies d'analogues, c'est-à-dire de l'association de

couleurs appartenant à des gammes qui se trouvent très-rapprochées l'une de l'autre dans le cercle chromatique (*De la loi du contraste simultané des couleurs,* page 89); et en général cette sorte d'association est plus nuisible aux tons légers qu'aux tons foncés des mêmes gammes; par exemple, le rose clair et le bleu tendre perdent évidemment de leur fraîcheur, tandis que le rouge et le bleu foncé peuvent former une belle association.

230. Lorsqu'il s'agit de juxtaposer deux couleurs de gammes voisines, au lieu de chercher à augmenter le contraste des couleurs, il est souvent préférable de chercher à les rapprocher en faisant une harmonie d'analogue de nuances; ainsi, qu'il s'agisse de l'association d'un rouge et d'un rouge orangé, au lieu de chercher un rouge tirant sur le violet, il vaudra mieux prendre un rouge tirant sur l'orangé, et prendre celui-ci, qui est naturellement moins brillant que le rouge orangé, à un ton un peu plus élevé que le dernier.

231. Quant aux modifications optiques que deux couleurs reçoivent de leur juxtaposition mutuelle, elles sont toujours faciles à déduire d'après le principe du contraste de ton et de couleur, et d'après le principe du mélange; en effet, si elles ne sont pas à la même hauteur, la plus claire devient plus claire, et la plus foncée plus foncée (15, 1er article), puis la complémentaire de l'une des couleurs s'ajoute à l'autre couleur (15, 2e article), et, d'après le principe du mélange (14), il est aisé de savoir le produit du mélange

de chacune des couleurs avec la complémentaire de la couleur qui s'y trouve juxtaposée.

5e SECTION. *Étoffes façonnées présentant une couleur et un métal.*

232. Il s'en faut beaucoup que l'on ait généralement des idées justes sur l'effet réel de l'argent et de l'or employés concurremment avec la soie dans le tissage de certaines étoffes façonnées du prix le plus élevé; il ne sera donc point inutile au but que je me propose d'atteindre d'entrer dans quelques détails à ce sujet. Je commencerai par traiter de l'effet de l'argent constituant la matière d'un dessin qui apparaît sur un fond de couleur; je supposerai d'abord que le métal est poli et disposé de manière à réfléchir autant que possible la lumière comme le ferait une surface plane, puis j'examinerai le cas contraire; enfin, je considérerai les effets de l'or employé de ces deux manières.

Effets de l'argent.

233. Plus la surface du dessin se rapproche du plan et plus elle est polie, plus l'effet de la lumière réfléchie spéculairement a d'intensité à l'égard d'un spectateur placé convenablement pour en recevoir l'impression. Mais que le spectateur change de place, les effets seront absolument différents ; il y aura des positions où le dessin paraîtra entièrement ombré, noir, ou du moins gris foncé; il y en aura d'autres

où la lumière émanée irrégulièrement du métal étant assez intense pour en faire paraître la surface grise, celle-ci paraîtra teinte de la complémentaire du fond. Conséquemment

Sur un fond	rouge	le dessin	d'argent apparaîtra	vert.
—	orangé	—	—	bleu.
—	jaune	—	—	violet.
—	vert	—	—	rose.
—	bleu	—	—	orangé.
—	violet	—	—	jaune.

234. Si l'argent est mat, le spectateur, placé dans la position où le métal aurait tout son brillant spéculaire s'il était poli, n'apparaît plus de cette manière; il se rapproche, par l'éclat, de l'argent poli, lorsque celui-ci apparaît légèrement ombré, mais avec cette différence pourtant que le métal mat est moins gris ou plus blanc.

235. L'or, comme corps doué de l'éclat métallique, est dans la catégorie de l'argent; mais la couleur qui lui est propre donne lieu à des remarques spéciales que ne comporte pas l'emploi du métal blanc. Effectivement, si un fond bleu-violet complémentaire de la couleur de l'or fait que, conformément à la loi du contraste appliquée à la juxtaposition des couleurs mutuellement complémentaires, ce métal apparaît toujours de la teinte qu'il tient de sa nature, dans toutes les positions où le spectateur peut recevoir de la lumière qu'il réfléchit, il n'en sera plus de même si des tissus d'or apparaissent sur des fonds de couleurs non complémentaires de la leur.

Sur un fond bleu	les dessins d'or paraîtront plus orangés.
— vert	— — rouges.
— violet	— — jaunes.

Quoique la couleur de l'or soit modifiée par ces fonds, cependant on ne peut dire qu'elle le soit d'une manière désavantageuse.

Il en est autrement des fonds rouge, jaune et orangé.

Sur un *fond rouge*, principalement sur un fond rouge clair et orangé, plutôt que foncé et violet, l'*or, en prenant du vert*, perd trop de la couleur à laquelle il donne son nom. C'est surtout dans les positions où il arrive moins de lumière spéculaire à l'œil du spectateur que la modification est plus sensible et que la beauté de la couleur du métal est plus abaissée.

Sur un *fond jaune*, l'or *perd trop de sa couleur jaune* par suite de la neutralisation que produit la complémentaire du fond ajoutée à la teinte du métal, surtout dans la position où il arrive à l'œil moins de lumière spéculaire.

Sur un *fond orangé*, l'or perd d'autant plus de la beauté de sa couleur que celle du fond se rapproche davantage de la teinte du métal.

236. Tout ce que j'ai dit de l'influence du brillant métallique et du mat de l'argent en général, sur le contraste naissant de la juxtaposition de ce métal avec des fonds de couleur, est applicable à l'or, en tenant compte, bien entendu, de la couleur propre à ce dernier.

237. Une conséquence de ce qui précède est donc

que, plus la surface d'un métal est polie et brillante, plus elle s'approche d'être plane et plus se trouvent restreintes les positions où le métal apparaît avec tout son éclat, et plus conséquemment il existe de positions où il paraîtra noir, terne, gris ou de la couleur de la complémentaire du fond. Il y a donc avantage, dans les tentures où l'on veut montrer les métaux avec l'éclat qui leur est propre dans le plus grand nombre de positions possible, de les disposer sous la forme de petites parties saillantes qui rayonneront le plus possible de la lumière qui tombe sur leur surface dans toutes les directions. Si l'on veut moins d'éclat, on aura recours à du métal mat.

238. Une conséquence des mêmes faits, c'est l'avantage que l'on pourra tirer de l'emploi de soies jaunes, orangées et même blanches, dans certaines fabrications où l'on serait tenté d'employer des métaux. Je citerai comme exemple, à l'appui de ce que j'avance, le bel effet de dessins de soie jaune et orangée sur un fond cerise, que j'ai remarqué dans une étoffe de la belle collection de M. Mésiat. Sans doute, l'effet dont je parle est préférable à ce qu'il aurait été si l'on eût substitué l'or à la soie. Enfin j'ajoute encore que la soie employée comme je le dis n'a pas l'inconvénient de l'argent, qui noircit par les émanations sulfurées, et de l'or, qui noircit par la même cause, parce qu'il est allié avec du cuivre.

6e SECTION. *Étoffes façonnées présentant plus de deux couleurs.*

239. Parler d'une manière détaillée de toutes les étoffes comprises dans cette section, depuis les tissus de trois couleurs qui ont le moins de complexité, jusqu'à ceux qui satisfont au luxe le plus recherché par leurs images variées de formes et de couleurs, serait s'éloigner du but essentiel de cet ouvrage, pour entrer dans les détails d'un traité complet de la fabrication des étoffes de soie, ou pour revenir sur plusieurs points qui font partie de mon ouvrage de la loi du contraste simultané des couleurs. Je ne doute pas que ce qui précède, et les notions générales que l'on trouve exposées dans l'ouvrage dont je viens de rappeler le titre, ne suffisent au fabricant qui, après les avoir étudiées, se proposera de les appliquer à la confection des étoffes façonnées qui doivent présenter à la vue trois couleurs au moins; d'après ces motifs, je me bornerai à quelques considérations sur les effets généraux des étoffes de cette catégorie.

240. Les étoffes façonnées à dessins les plus simples, comme zones, carreaux, dans lesquelles on compte plus de deux couleurs, sans comprendre parmi celles-ci le blanc, le noir et le gris, présentent des effets fort différents, suivant que l'étendue respective des parties diversement colorées permet à l'œil de les voir toutes sans confusion avec les teintes qui leur sont propres, ou que l'étendue de chacune

d'elles est si petite, que l'œil, dans l'impossibilité d'en saisir les limites, n'a qu'une vision confuse de l'ensemble. Pour les mêmes couleurs juxtaposées de la même manière, conformément aux règles du contraste, on peut établir en principe que, dans le premier cas, elles apparaissent de la manière la plus avantageuse sous le rapport de l'intensité, de l'éclat et de la pureté; tandis que, dans le second, une neutralisation de couleurs complémentaires donne constamment lieu à du gris, lequel ne serait pas coloré si la neutralisation était parfaite. Mais un tel résultat de l'emploi des couleurs n'est point à l'avantage du fabricant ou du dessinateur; et aujourd'hui rien de plus propre à démontrer cette opinion, que la vue des cachemires fabriqués en France depuis quelques années; les couleurs y sont tellement multipliées, et conséquemment chacune occupe si peu d'étendue, qu'en regardant ces tissus, d'assez près même, ils paraissent gris. Si donc on en vante les *dessins orientaux*, on ne peut en louer les *effets de couleur*, puisque ces derniers sont exactement inverses de ceux qu'on qualifiait d'admirables à l'époque où la France apprenait à connaître les cachemires de l'Inde.

241. Mais après avoir parlé de l'emploi des couleurs de la manière la plus favorable à leur beauté, je reproduirai une remarque faite ailleurs : c'est que les effets de deux couleurs seulement ou de deux couleurs associées au blanc, au noir ou au gris, sont souvent bien préférables, grâce à l'harmonie de leur ré-

partition, ainsi qu'à la simplicité et à l'élégance du dessin, aux effets produits à plus grands frais par un dessin plus compliqué de forme et de couleurs.

242. Si nous passons à des dessins moins simples que ne le sont les zones, les carreaux; par exemple, aux dessins des damas, des lampas, exécutés avec plusieurs couleurs tranchantes dont l'ensemble s'éloigne absolument des harmonies d'analogues, je renverrai aux règles que j'ai données dans mon ouvrage sur la loi du contraste simultané des couleurs; mais je ne dissimulerai pas que les étoffes monochromes ou des camaïeux à dessins de ce genre me paraissent d'un meilleur goût que les premiers, surtout s'il s'agit de tentures; car pour peu qu'on veuille se rendre compte des effets d'une étoffe destinée à cet usage, on verra combien il est difficile de satisfaire à l'harmonie d'un ameublement en employant une tenture de plusieurs couleurs tranchantes, concurremment avec des fauteuils, des canapés, des divans, des tapis; et à mon sens il est bien préférable d'établir des contrastes de couleur entre les différents meubles qui doivent être réunis dans une même pièce, plutôt qu'entre les diverses parties d'un même objet.

243. Disons quelques mots des étoffes uniquement destinées à l'ameublement le plus recherché, présentant des images de fleurs, d'oiseaux, d'insectes; dans ce cas, les couleurs les plus variées des modèles qu'on a choisis peuvent être employés, et les contrastes de couleur les plus prononcés n'ont aucun des inconvénients que je viens de signaler; il y a

plus : je préférerai alors des couleurs tranchées et variées à des couleurs de gammes voisines; je préférerai une coloration tendant plutôt aux teintes plates qu'aux dégradations du clair-obscur, non pas seulement par la raison de l'économie du prix d'exécution, mais surtout à cause de la supériorité de l'effet du tissu employé comme tenture. J'ajoute que des fleurs en guirlandes, en couronnes, en bouquets, que des oiseaux, des insectes, exigeant toujours pour la beauté de l'effet d'apparaître sur un fond d'une certaine étendue, n'ont jamais l'inconvénient des bigarrures qu'on peut reprocher aux dessins des damas, des lampas, à plusieurs couleurs tranchantes (242); enfin, j'insisterai sur la nécessité d'assortir les fonds conformément aux règles du contraste, afin de tirer le meilleur parti possible de la couleur du dessin, et de remplir la condition prescrite par le principe de la vue distincte. (Voyez *De la Loi du contraste simultané des couleurs*, page 656.)

244. Si on voulait placer la figure humaine dans des étoffes de luxe, il faudrait distinguer deux cas, ce me semble : celui où elle serait associée à des images de couleurs variées sans qu'on eût l'intention de sacrifier celles-ci à la première (245), et le cas où elle serait l'objet principal de la composition (246).

245. Dans le premier cas, la figure humaine serait réduite de beaucoup de sa grandeur naturelle; elle serait drapée plutôt que nue, présentée de la manière la plus simple sous le double rapport du dessin et du coloris, isolée plutôt que groupée avec d'au-

tres figures de son espèce; elle apparaîtrait comme ornement ou comme allégorie plutôt que comme figure historique ou portrait, et il est entendu que les draperies comportent l'emploi des couleurs vives et tranchées en harmonie avec celles des autres images.

246. Dans le second cas, exceptionnel à mon sens, mais qui peut se présenter, lorsqu'il s'agit de l'ameublement d'une pièce de médiocre étendue et d'une destination grave, on pourrait imaginer une tenture où la figure humaine, tout en apparaissant sous la forme allégorique, serait l'objet principal de la composition, et devrait l'emporter par l'effet sur tout ce qui l'environne. Mais je ne voudrais pas un grand nombre de couleurs rappelant la peinture proprement dite; il faudrait que l'exécution se rapprochât de celle d'un camaïeu de plusieurs tons.

247. Enfin, lorsque les tentures ne doivent pas être encadrées dans du bois, du métal, etc., on ne saurait être trop difficile sur le choix du dessin des bordures; car bien souvent cet assortiment est absolument négligé, par la raison que peu de personnes apprécient la grande influence qu'il a sur la beauté de l'ensemble.

DE LA FABRICATION DES ÉTOFFES DE SOIE CONSIDÉRÉE RELATIVEMENT A LA VILLE DE LYON.

248. Je terminerai ce petit ouvrage par quelques considérations que me suggèrent l'importance de la fabrication des étoffes de soie en général et mes vœux pour la prospérité de la ville de Lyon en particulier.

249. Il n'est pas douteux que les communications fréquentes établies aujourd'hui entre toutes les nations du monde civilisé, communications qui ne peuvent que s'accroître et jamais se restreindre, ne tendent à disperser dans tous les pays habités les industries dont les produits usuels sont l'objet. Pour que la France ne déchoie pas du rang où son industrie et son commerce l'ont élevée, elle doit apporter tous ses soins à la bonne fabrication des objets dont la matière première reçoit une valeur considérable de la forme que l'art lui donne : par là, lui sera conservé l'empire de la mode, dont elle est en possession depuis Louis XIV. Nul doute que les relations commerciales fondées sur l'exportation de ces objets ne soient une occasion de faire connaître davantage au dehors et d'y propager des produits usuels d'une faible valeur, que nos ateliers élaborent en quantités

considérables, mais qui, en raison même de leur facile fabrication, sont exposés, plus que tout autre, à subir sur les marchés étrangers une concurrence active et multipliée.

250. Parmi les produits usuels d'une consommation considérable, on peut mettre les étoffes de soie unie, et compter au nombre des objets de luxe les étoffes façonnées. Les premières, d'une fabrication facile, doivent donc, plus que les autres, rencontrer la concurrence étrangère; après elles viennent les étoffes façonnées, les plus simples d'abord, et les plus complexes ensuite : car, évidemment, les conditions de succès où se trouve placée l'industrie étrangère lui sont bien moins favorables pour la fabrication des étoffes façonnées que pour celle des étoffes unies : aussi aucune crainte sérieuse n'est permise, je crois, sur le résultat de la lutte dont les premières peuvent être l'objet, tant que la fabrique de Lyon la soutiendra avec le concours des forces dont elle dispose déjà depuis longtemps. En effet, elle trouvera moyen de résister efficacement à la concurrence étrangère dans ses efforts à confectionner, au plus bas prix possible, les étoffes façonnées simples du plus bel effet et du meilleur usage, et dans le soin qu'elle mettra à élever la fabrication des étoffes façonnées les plus chères au plus haut degré de perfection, eu égard à l'élégance et à la correction du dessin, ainsi qu'à l'emploi de couleurs aussi stables que brillantes. Que ceux qui se livrent à la fabrication de ce genre d'étoffes déploient leur activité, et, avec les ressources dont ils dispo-

sent, qu'ils tentent des innovations approuvées par le goût, comme l'ont fait quelques fabricants de papiers peints dans leur industrie; et sans doute la mode, en accueillant les produits de leurs efforts, en propagera l'usage en France, aussi bien qu'à l'étranger.

251. Lyon a tous les éléments de prospérité pour la fabrication et le commerce des étoffes de soie. Les pays de France où le climat assure la vie du mûrier et où l'on élève le plus de vers à soie sont à ses portes; toute sa population et celle des campagnes qui l'environnent depuis plusieurs siècles ont l'habitude de soumettre les cocons produits par ces vers aux préparations si diversifiées dont ils sont l'objet, depuis le simple dévidage jusqu'aux opérations où leur fil apparaît dans les étoffes avec la blancheur brillante qui lui est propre à l'état de pureté, ou avec les couleurs les plus variées qu'il doit à l'art du teinturier. Maintenant, que l'on tienne compte de l'admirable position de Lyon au confluent de la Saône et du Rhône, de l'abondance de ses capitaux, de l'institution d'une faculté des sciences et d'une faculté des lettres, dont les cours sont suivis par des auditeurs assidus et réfléchis; enfin de deux institutions auxquelles la prospérité de la fabrication des étoffes de soie est, à mon sens, plus que jamais attachée, je veux parler de l'école des beaux-arts et de la *Martinière*, et l'on sera convaincu que cette grande cité n'a rien à désirer en outre des avantages qu'elle tient de la nature, et des institutions dont elle a été dotée à

la fois par le gouvernement et par son administration municipale.

252. Il n'entre pas dans mon sujet d'apprécier l'influence que *l'art* même reçoit des écoles des beaux-arts, où de nombreux élèves sont admis sans peine, ni de suivre les conséquences de cet état de choses dans la nécessité, où se trouve l'administration, de disséminer souvent entre vingt artistes, la plupart médiocres, l'exécution d'une œuvre qu'elle n'aurait confiée qu'à un seul dans d'autres circonstances; je n'examine pas le défaut d'harmonie, si fâcheux, résultant quelquefois de la part que plusieurs autorités ont prise à la décoration d'un même monument; enfin je n'ai point à m'occuper des effets de l'industrie et de la société actuelle sur l'*art*, devant en traiter dans un autre ouvrage: je veux parler ici d'un fait qui, de toute évidence, à mon avis, n'a pas été parfaitement apprécié: c'est l'influence des écoles des beaux-arts sur l'industrie appliquée à confectionner des produits qui frappent les yeux par la forme et la couleur, indépendamment des usages particuliers auxquels ils peuvent être propres. Si l'influence des artistes sortis de nos écoles des beaux-arts sur le goût de la nation est incontestable, quelque faible que soit d'ailleurs le nombre de ceux qui laissent un nom à la postérité, il existe beaucoup d'élèves de ces écoles que la société ne connaît point comme artistes, et dont cependant elle subit l'influence, sans le savoir, pour une foule de productions auxquelles ils ont coopéré dans les ateliers de l'industrie; et si un observateur voulait tracer l'histoire

de cette influence, afin d'apprécier le mérite de chacun, il est tels inconnus dont la part serait belle, non-seulement dans ce qui a créé la prospérité d'un établissement, la fortune d'une personne, auxquels ces inconnus ont été attachés, mais encore dans les bonnes traditions transmises par eux à des ouvriers qui coopéraient à leurs travaux de tous les jours. C'est donc à ce dernier point de vue que l'administration supérieure et l'administration municipale des cités industrielles doivent se placer, si elles veulent apprécier tous les avantages que l'industrie retire de l'enseignement des beaux-arts, eu égard à l'influence qu'il exerce pour propager dans tous les rangs de la société le bon goût de la forme et de la couleur, et maintenir conséquemment à la France le sceptre de la mode.

253. Si l'école des beaux-arts satisfait aux besoins de la fabrique de Lyon, en donnant l'instruction à tous ceux qui se sentent quelques dispositions à appliquer le dessin, la peinture et même la sculpture à l'industrie; si les facultés offrent à la jeunesse et à l'âge mûr les moyens d'approfondir les lettres et les sciences, d'un autre côté, la *Martinière*, fondée avec les 2 millions légués par le major-général Martin à sa ville natale, vient compléter, de la manière la plus libérale, tout ce que cette puissante cité pouvait faire en faveur de l'instruction de la classe ouvrière. Grâce à la munificence du major Martin; grâce au docteur Eynard, qui aussi a enrichi la Martinière de ses dons; grâce au concours éclairé de l'académie et

du pouvoir municipal de Lyon, par lequel ont été définies clairement les conditions que devait remplir la nouvelle institution, pour être aussi avantageuse à la classe ouvrière qu'utile au pays; grâce enfin à l'honorable M. H. Tabareau, qui a consacré une partie de sa vie à y organiser un système d'enseignement aussi fructueux par ses résultats que remarquable au point de vue philosophique, l'ouvrier lyonnais a éprouvé les bienfaits de la civilisation dans les soins donnés à ses enfants par la cité; il a vu leur condition s'élever au moyen de l'instruction qu'ils reçoivent aujourd'hui, à partir de la salle d'asile et de l'école primaire jusqu'à la Martinière; il a senti, en considérant qu'elle avait manqué à son enfance, que la société actuelle n'avait besoin que de calme et de sécurité pour améliorer son sort et celui de sa famille.

L'enseignement de la Martinière, en propageant ainsi, sous le point de vue exclusivement pratique, les notions des sciences physico-mathématiques, indispensables désormais à tout progrès industriel, complète donc, avec l'enseignement de l'école des beaux-arts, tout ce qu'il importe à la classe ouvrière de connaître. Ces institutions vraiment libérales, parce qu'elles sont parfaitement appropriées au genre d'instruction qu'elles doivent répandre, composent donc un ensemble propre à rassurer pleinement les amis du pays, par rapport au résultat des luttes que subira l'industrie lyonnaise sur les marchés étrangers, en même temps qu'il est un beau modèle à imiter pour toutes les administrations des villes industrielles, dont la pensée ne sépare pas les progrès des arts des intérêts de ceux qui y contribuent par leurs bras et leur intelligence.

FIN.

TABLE DES MATIÈRES.

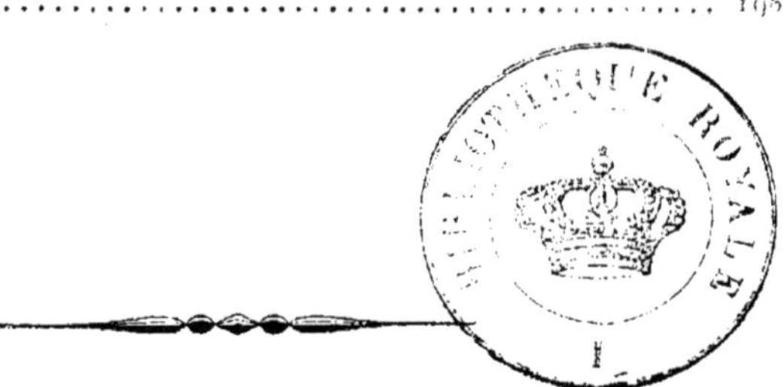
BIBLIOTHÈQUE ROYALE

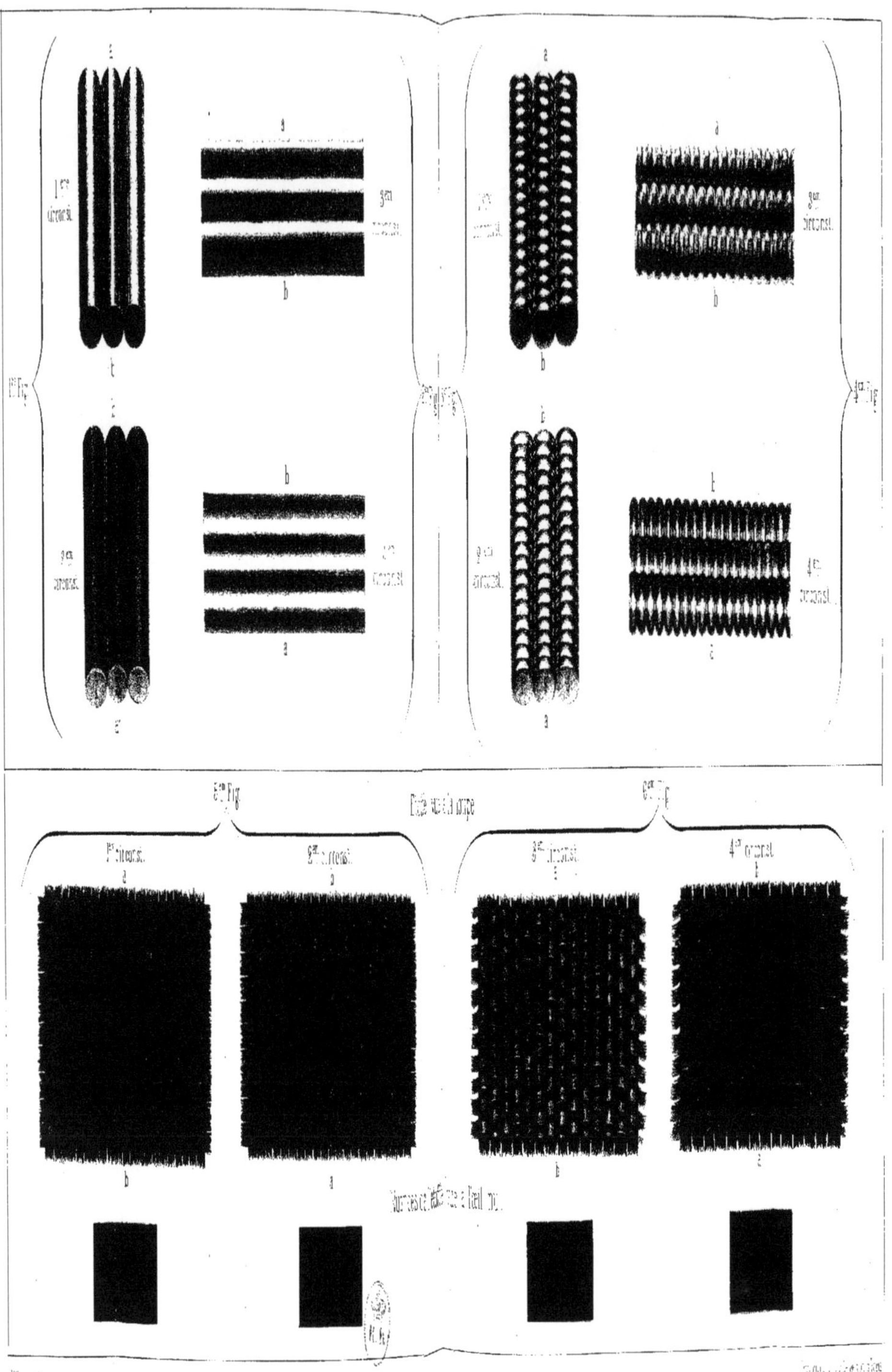

www.ingramcontent.com/pod-product-compliance
Ingram Content Group UK Ltd.
Pitfield, Milton Keynes, MK11 3LW, UK
UKHW022059260726
13993UKWH00001B/205